# 乳児保育 I・II

一人一人の育ちを支える
理論と実践

編著
石川恵美

著
布村志保
小寺玲音
黒木　晶
玉川朝子

嵯峨野書院

# は じ め に

　2018（平成 30）年から施行された現行の保育所保育指針・幼保連携型認定こども園教育・保育要領において、乳児保育の記載が充実されました。乳児（０歳児）と１歳以上３歳未満児のねらい及び内容が分けられ、より具体的な内容が示されました。さらに、保育士養成課程において、「乳児保育」（演習２単位）だったものが、2019（平成 31）年からは「乳児保育Ⅰ」（講義２単位）・「乳児保育Ⅱ」（演習１単位）に変更されました。本書は、保育士養成課程に基づいて構成しています。

　人間形成の基礎を培う重要な乳幼児期の保育は、未来の子どもたちを育むことに繋がります。乳児保育に携わる人は、子どもたちの健やかな成長と幸せを願いながら、子どもの心に多くの種を撒いています。乳幼児期に大切にされ愛された記憶は残っていないかもしれませんが、乳幼児期に撒かれた多くの種は、それぞれの子どもたちの人生の中でいつかその花が咲くと信じています。

　乳児保育を担当していた頃、子どもたちのキラキラした瞳の美しさに何度も感動を覚えました。笑いあり、涙ありの園生活には、たくさんの思い出があります。赤ちゃんと信頼関係が結べることに驚きながらも、毎日喜びに溢れていました。その時のことを思い出しながら、乳児保育担当者に是非お伝えしたいことを本書にまとめました。理論と実践は表裏一体です。行きつ戻りつしながら、本書を参考に子どもたちと一緒に乳児保育を楽しんでいただければ幸甚です。

　本書の執筆者全員が乳児保育に携わった経験を持ち、現在保育者養成校において教鞭をとっています。それらの経験を基に内容の検討を重ねていた最中、新型コロナウイルスが全世界で猛威を奮いました。新しい生活様式が取り入れられ、保育現場では細心の感染防止対策を行い、子どもたちの大切な命を守るため保育者は日々奮闘しています。その姿を拝見し、改めて保育の尊さを感じました。現場の先生方や、これから保育者を目指す学生に本書を活用してほしいと願っています。

　最後に、乳幼児の可愛さと発達をイラストで表現してくださったイラストレーターのMIKU 様、企画段階から終始懇切丁寧にご対応くださった嵯峨野書院社長前田茂様、母親の視点で校閲・編集をしてくださった嵯峨野書院の伊原菜緒様のご尽力により刊行できましたこと心より感謝申し上げます。

2021 年 4 月

石 川 恵 美

# 目　次

## 第8章　3歳未満児の発育・発達を踏まえた保育における配慮　　100

## 第9章　「3歳以上児の保育」に移行する時期の保育　　111

※演習科目は、ページ脇の丸線模様で表記しています。

# 第1章

# 乳児保育の意義と目的・役割と機能

 第1節　乳児保育の定義

「乳児保育」と聞いたとき、みなさんはどのような年齢の子どもへの保育を思い浮かべますか。保育所や認定こども園へ行ったことのある人は「乳児クラス」という言葉を聞いたことがあるかもしれません。「**児童福祉法**」第4条では次のように定められています。

---

第4条　この法律で、児童とは、満18歳に満たない者をいい、児童を左のように分ける。
一　乳児　満1歳に満たない者
二　幼児　満1歳から、小学校就学の始期に達するまでの者
三　少年　小学校就学の始期から、満18歳に達するまでの者

---

このように「児童福祉法」では「満1歳に満たない者」を乳児と定めており、「母子保健法」第6条でも「1歳に満たない者」を乳児、出生後28日を経過しない乳児を「新生児」と定義しています。一方、保育所や認定こども園では3歳未満児のクラスを「乳児クラス」、3歳以上児のクラスを「幼児クラス」として、3歳未満児に対する保育を乳児保育と呼ぶことが多くあります。

また、保育者とは保育を行う人の総称です。つまり、保育士・保育教諭・幼稚園教諭を含みます。保育士と表記している場合は、保育士を指します。

本書では保育所等で多く用いられている3歳未満児に対する保育を「乳児保育」として捉え、本来の乳児期を指すときには、「0歳児」と称します。また、乳児保育という言葉は保育所保育のなかで行われている保育を示すことが多く、本書でも主にその意味での保育を中心に取り上げます。ただし、実際には乳児院や認定こども園、家庭的保育や小規模保育、事業所内保育などにおいても乳児保育が行われています。乳児院や家庭的保育に関しては第4章で取り上げますが、とくに乳児院は子どもが毎日24時間過ごす施設です。保育内容や配慮事項の違いも含めて理解し、さまざまな場で乳児期の育ちを支えることの重要性を確認しながら学習を深めてください。

では、法律上での乳児の定義等を理解した上で、3歳未満児を対象とする乳児保育について本書を通して学んでいきましょう。

保育の目標は「生涯にわたる人間形成にとって極めて重要な時期」である乳幼児期の子どもたちが、「現在を最も良く生き、望ましい未来をつくり出す力の基礎を培う」ことと「保育所保育指針」第1章　1　(2) 保育の目標に示されています。とくに著しい成長を遂げる乳児期の子どもたちにとって、「現在」を心地よく生き生きと過ごし、心と体を形成していくことのできる環境で育つことが大変重要です。この時期の保育のあり方は一人一人の子どもの育ちに影響を与え、その後の成長にかかわっていきます。一人一人の育ちが大切にされ、子ども自身が自分らしく育つことが保障されるなかでこそ、「未来をつくり出す力」を培うことができるのです。そのためには、一人一人の生活背景や育ちに応じて適切な環境を保障する保育者の存在が不可欠です。

　保育所の役割として「子どもの最善の利益を考慮し、その福祉を積極的に増進することに最もふさわしい生活の場でなければならない」と「保育所保育指針」第1章　総則 (1) 保育所の役割に示されているように、子どもたちにとって「**最善の利益**」を考慮していくことが重要です。「子どもの最善の利益」については1989年に国際連合で採択された「児童の権利に関する条約（子どもの権利条約：日本は1994（平成6）年批准）」第3条1項に定められているように、子どもを権利の主体としてとらえ、尊重することが求められます。保育所では「**養護と教育を一体的に**」行うことを通して、一人一人の子どもが十分な愛情を受けながら、主体的に過ごす生活を保育者が保障していきます。

　保育所に通う乳児の数は近年増加しています。その背景には、性別を問わず自己の能力を発揮していく男女共同参画の考え方の広がりによって出産後も社会に参画する女性の増加や、ひとり親家庭の増加などがあります。保護者の就労を支え、地域の子育て支援を担う保育所は社会のなかで大きな役割を果たしています。

　みなさんも地域社会や世代間の子育て機能が低下してサポートが十分に働かず、「ワンオペ育児」や育児家庭の孤立というニュースを聞くことがあるでしょう。入所する子どもの保護者や地域の保護者を援助し、保護者の気持ちに寄り添いながら、保護者とともに子どもの心と体を健やかに育む関係を築いていきましょう。「児童憲章」にも示されているように、子ども一人一人が人として尊重され、社会の一員として重んじられ、「よい環境」のなかで育てられることの大切さを理解し、保育所が子どもの育ちに「最もふさわしい生活」の場の1つとして存在することが、子どもたちにとっても社会にとっても一層重要になっているのです。

　保育所保育では「養護と教育を一体的に」行っていきますが、「保育所保育指針」第1章　1　(2) 保育の目標が示す「十分に**養護**の行き届いた環境の下に、くつろいだ雰囲気のなかで子どものさまざまな欲求を満たし、生命の保持及び情緒の安定を図ること」という**養護**

の観点は、保育所が乳児にとって「最もふさわしい生活の場」となるためには欠かせません。

　「子どもの最善の利益」を保障するためにまず重要なことは、子どもの命が守られ、情緒の安定が図られることです。子どもたちが安全な環境のなかで安心して毎日を過ごすこと、そのなかで一人一人の思いが尊重され、自己を発揮できることが乳児保育の基本となります。一人一人の子どもの育ちに応じてそれぞれの思いをくみ取りながら適切な援助を行う養護に配慮した保育を営むことにより、子どもは自分の気持ちを安心して表し、やってみたいという思いも育っていきます。このような一人一人の子どもに応じたかかわりのなかで、周囲とのかかわりや環境を通して子どもたちは自ら学んでいく、それが乳児期の発達にかなった教育です。

　2017（平成 29）年に改定された「保育所保育指針」では、乳児保育に関する記述の充実が図られました。「保育所保育指針」では 3 歳児未満の保育は「乳児保育」と「1 歳以上 3 歳未満児」の 2 つに分けられています。まず乳児保育として記されている 0 歳児から見てみましょう。

---

**保育所保育指針　第 2 章　保育の内容**

1　乳児保育に関わるねらい及び内容

⑴　基本的事項

ア　乳児期の発達については、視覚、聴覚などの感覚や、座る、はう、歩くなどの運動機能が著しく発達し、特定の大人との応答的な関わりを通じて、情緒的な絆が形成されるといった特徴がある。これらの発達の特徴を踏まえて、乳児保育は、愛情豊かに、応答的に行われることが特に必要である。

（下線、筆者）

---

　上記には、0 歳児は感覚機能・運動機能が著しく発達する時期であること、応答的なかかわりを通して情緒的な絆が形成される時期であることが波線部のように明示されており、保育が「愛情豊かに、応答的に」行われることが不可欠であると示しています。

　また、0 歳児は発達の諸側面が未分化であるという特徴を持っています。そのため、1 歳児以上のような 5 領域によって「ねらい」と「内容」を捉えるのではなく、3 つの視点を用いて保育内容が捉えられています。それが身体的発達に関する視点「健やかに伸び伸びと育つ」、社会的発達に関する視点「身近な人と気持ちが通じ合う」、および精神的発達に関する視点「身近なものと関わり感性が育つ」という 3 点です。この 3 つの視点については第 2 章で詳しく学んでいきます。

　さらに、「1 歳以上 3 歳未満児の保育に関わるねらい及び内容」においても次のように記されています。

保育所保育指針　第2章　保育の内容
2　1歳以上3歳未満児の保育に関わるねらい及び内容
（1）基本的事項
ア　（中略）保育士等は、子どもの<u>生活の安定</u>を図りながら、<u>自分でしようとする気持ちを尊重し、温かく見守る</u>とともに、<u>愛情豊かに、応答的に関わる</u>ことが必要である。

（下線、筆者）

　上記には、1歳から3歳の誕生日を迎える時期は、周囲との関係性のなかで自立欲求や自己主張があらわれ、自己を育てていく時期であることが波線部のように示されています。うまくいかず葛藤する場面や子ども同士のトラブルにつながることもありますが、一人一人の思いをあたたかく受け止めながら、代弁したり、伝えたりといった援助を通して、自己が育ち、周囲の状況を見通して理解する力もついていきます。いずれの年齢においてもその発達の状況を理解し、適切な援助をすることが求められますが、何より「愛情豊かに、応答的に」かかわることが大切です。

 ## 第3節　乳児保育の歴史的変遷

　乳児を保育した施設のはじまりは必ずしも明確ではなく、1883（明治16）年の渡辺嘉重が開設した子守学校だといわれています。1890（明治23）年に赤沢鐘美が開設した新潟静修学校や各地に設立された子守学校、工場内に設けられた託児所などで、乳幼児期の子どもたちが過ごしていました。さらに1900（明治33）年に野口幽香・森島峰によって設立された二葉幼稚園は、二葉保育園と改称した1916（大正5）年ごろから3歳未満児の保育を行っています。大正期から昭和にかけて乳児保育は徐々に普及していきました。

　ただし、制度として位置づくのは1947（昭和22）年の「児童福祉法」制定（12月12日公布）からです。この制定によって保育所は「乳児又は幼児を保育する」（第39条）ことを目的とする就学前の子どもの保育施設として、児童福祉施設の1つに位置づけられました。現行の「児童福祉法」第7条にも「児童福祉施設とは、助産施設、乳児院、母子生活支援施設、保育所、幼保連携型認定こども園、児童厚生施設、児童養護施設、障害児入所施設、児童発達支援センター、児童心理治療施設、児童自立支援施設及び児童家庭支援センターとする」と記されています。乳児を対象とすることは記されましたが、家庭での保育が望ましいという見方が強く、乳児の入所はやむを得ない場合に限られていました。1948（昭和23）年に示された児童福祉施設設置基準では保母（1999［平成11］年の「児童福祉法」施行令の改正により「保母」から「保育士」に名称変更）1名に対し0・1歳児は10人、2歳児以上は30人と定められるなど、保育現場の受け入れ態勢にも課題があり、乳児の入所

表 1-1　2020（令和 2 ）年利用児童数および待機児童数

| 年齢 | 利用児童数 | | 待機児童数 | |
|---|---|---|---|---|
| 低年齢児（ 0 〜 2 歳） | 1,109,650 人 | （40.5%） | 10,830 人 | （87.1%） |
| 　うち 0 歳児 | 151,362 人 | （5.5%） | 1,227 人 | （9.9%） |
| 　うち 1 ・ 2 歳児 | 958,288 人 | （35.0%） | 9,603 人 | （77.2%） |
| 3 歳以上児 | 1,627,709 人 | （59.5%） | 1,609 人 | （12.9%） |
| 全年齢児計 | 2,737,359 人 | （100.0%） | 12,439 人 | （100.0%） |

（注）利用児童数は、全体（幼稚園型認定こども園等、地域型保育事業等を含む）。

出典：厚生労働省「保育所等関連状況取りまとめ（令和 2 年 4 月 1 日）」2020 年（https://www.mhlw.go.jp/content/11922000/000678692.pdf、2021 年 1 月 4 日閲覧）

率は低いものでした。

　高度経済成長とともに女性の就労や核家族世帯が増加していくなかで、1960 年代には保育所が増加していきますが、とくに乳児期の子どもを就労しながら育てる保護者から乳児保育への要望が高まっていきました。1965（昭和 40）年に策定された「保育所保育指針」には 1 歳 3 か月未満、 1 歳 3 か月から 2 歳までという年齢区分による保育内容が示されました。1969（昭和 44）年には「保育所における乳児保育対策の強化について」という厚生省（現・厚生労働省）児童家庭局通知によって特別保育対策の一環として乳児保育の充実が示されていきますが、その整備はごく一部の保育所に限られていました。都市部を中心に徐々に乳児保育は普及していきますが、保護者の需要を満たすには程遠く、認可外保育施設が増加していきました。1970 年代末には認可外保育施設での複数の事故が社会問題となり、1981（昭和 56）年には厚生省（現・厚生労働省）が「ベビーホテル一斉点検について」を通知、1983（昭和 58）年には 3 歳未満児対象の小規模保育を設置しました。

　1990（平成 2 ）年に改定された「保育所保育指針」では、それまでの「 1 歳 3 か月未満」でまとめられていた区分が「 6 か月未満児」と「 6 か月から 1 歳 3 か月未満児」に分化して保育内容が示されました。入所する乳児が増加している状況を踏まえながら、とくに産休明け保育となる 0 歳児保育に対応した記載がなされています。

　この年には前年の合計特殊出生率がそれまでの最低値となった「1.57 ショック」(p. 26 参照）により、少子化への認識が一般化しました。出生数はその後も上昇せず、1994（平成 6 ）年には「今後の子育て支援のための施策の基本的方向について（エンゼルプラン）」が策定され、具体的な数値を定めた「緊急保育対策等 5 か年事業」で、低年齢児保育や延長保育などの多様な保育サービスの普及が目指されました。1999（平成 11）年には「重点的に推進すべき少子化対策の具体的実施計画について（新エンゼルプラン）、2004（平成 16）年に「少子化社会対策大綱に基づく重点施策の具体的実施計画について（子ども・子育て応援プラン）」、2010（平成 22）年「子ども・子育てビジョン」、2015（平成 27）年「子ども・子育て支援新制度」の策定へと続いていきます。

1997（平成9）年の「児童福祉法」改正を受け、1998（平成10）年に「児童福祉施設最低基準」も一部改正され、現在と同様の保育士1名に対し0歳児は3人、1・2歳児は6人という定数になりました。また、乳児保育指定保育所制度が廃止され、これまで特定の保育所のみで行われていた乳児保育をすべての保育所で実施できる体制となりました。

　2006（平成18）年には、認定こども園法の施行によって認定こども園においても乳児保育が行われるようになりました。さらに2015（平成27）年に施行された「子ども・子育て支援新制度」では、子育て中のすべての家庭の支援や認可保育所に入れない待機児童の解消などが目指され、幼保連携型認定こども園や小規模保育、家庭的保育などでも乳児保育が行われています。少子化の進行のなかでも保育所・認定こども園等に通う乳児数は増え続けており、乳児の待機児童も解消できていない現状にあります。なお、待機児童に関する詳しい内容は第3章で学習します。

表 1-2　乳児保育に関わる法律・政策等の変遷（児童福祉法制定以降）

| 年 | 事　項 | 主な内容 |
|---|---|---|
| 1947 (S22) | 児童福祉法公布 | |
| 1948 (S23) | 児童福祉法施行令、児童福祉法施行規則 保育要領（発行） 児童福祉施設最低基準施行 | ０・１歳児は 10 人につき保母１名、２歳児以上は 30 人につき保母１名 |
| 1951 (S26) | 児童憲章 | |
| 1952 (S27) | 保育指針（刊行） | 「１、２歳の幼児の保育計画のたて方」、「乳児院における保育計画の一例」 |
| 1959 (S34) | 児童権利宣言 | |
| 1961 (S36) | 児童福祉法による保育所への入所の措置基準について | |
| 1963 (S38) | 児童福祉施設最低基準一部改正 | 1964 年度より０・１・２歳児８人につき保母１名 |
| 1965 (S40) | 保育所保育指針（刊行） | 「１歳３か月未満、１歳３か月から２歳未満児、２歳」という年齢区分による保育内容 |
| 1967 (S42) | 児童福祉施設最低基準一部改正 | ０・１・２歳児６人につき保母１名 |
| 1969 (S44) | 保育所における乳児保育対策の強化について （厚生労働省児童家庭局通達　特別対策） | 認定指定保育所のみ、０歳児３人につき保健婦または看護婦を含む保母１名以上という限定措置 |
| 1977 (S52) | 乳児保育特別対策実施要綱策定 | |
| 1981 (S56) | 乳児保育特別対策一部改定 | 保母の配置基準は従来どおり、０・１・２歳児６人につき保母１名 |
| 1985 (S60) | 男女雇用機会均等法 乳児保育事業実施要綱策定 | |
| 1990 (H2) | 保育所保育指針改定（通知） | 「６か月未満児、６か月から１歳３か月未満児、１歳３か月から２歳未満児、２歳」と区分した保育の内容を提示 |
| 1994 (H6) | エンゼルプラン策定 緊急保育対策等５か年事業 児童の権利に関する条約 （子どもの権利条約）日本批准 | 低年齢児の受け入れ枠拡充を図る |
| 1997 (H9) | 児童福祉法改正 | |
| 1998 (H10) | 児童福祉施設最低基準一部改正 乳児保育指定保育所制度廃止 | 1998 年度より０歳児３人につき保育士１名 乳児保育の一般化（すべての保育所で乳児保育を実施していく体制に） |
| 1999 (H11) | 保育所保育指針改定（通知） 新エンゼルプラン策定 | 低年齢児の受け入れ枠のさらなる拡充を図る |
| 2000 (H12) | 乳児保育等促進事業実施要綱 | |
| 2001 (H13) | 児童福祉法改正 | 認可外保育施設の規則の新設 |
| 2004 (H16) | 子ども・子育て応援プラン策定 | |
| 2006 (H18) | 認定こども園法施行 | |
| 2008 (H20) | 保育所保育指針改定（告示） | 保育内容に「乳児保育に関する配慮事項」、「３歳未満児の保育に関わる配慮事項」記載 |
| 2010 (H22) | 子ども・子育てビジョン策定 | |
| 2012 (H24) | 子ども・子育て関連３法制定 | |
| 2015 (H27) | 子ども・子育て支援新制度施行 | |
| 2017 (H29) | 保育所保育指針改定（告示） | 「乳児保育」、「１歳以上３歳未満児の保育」に関する記載充実 |

出典：大豆生田啓友・三谷大紀編『最新保育資料集 2020』ミネルヴァ書房、2020 年、pp. 760-772、寺田清美・大方美香ほか編『乳児保育Ⅰ・Ⅱ』中央法規、2019 年、pp. 6-9、日本保育学会『日本幼児保育史』６、フレーベル館、1975 年、pp. 274-369、羽室俊子・荒木暁子編著『実践・乳児保育―子どもたちの健やかな未来のために』同文書院、2004 年、pp. 17-23 より筆者作成

## 第4節　子どもと保育士等の関係の重要性

　まだ言葉でのコミュニケーションは難しくても乳児期の子どもたちは自分の持っている
さまざまな力を用いて、周囲の環境に向けて発信しています。音が聞こえる方に顔を向け
たり、動くものをじっと目で追ったりします。泣くことはもちろん、表情やまなざし、身
振りなどを通して環境にかかわろうとし、人とのコミュニケーションを図ろうとしていま
す。

　保育者は子どもからの働きかけを見逃さずにキャッチし、子どもの思いに合わせて応答
することが必要です。子どもはじっと見たり、触ったりしながら、自分のペースで認識し
ていきます。そのため、この応答が保育者の思いや気分に基づいて行われてしまうと、子
どもたちにとっては安心できる関係ではなくなってしまいます。子どもが安心して自分の
さまざまな感情や思いを表すことができるよう、子どもからのサインを読み取り、保育者
があたたかく受け止めることが求められます。

　そのようなやりとりをしていくことが子どもを一人の人間として尊重することであり、
子どもはそのなかで自分の発信が受け止められていることを感じ取っていきます。子ども
が応答を心地よいものであると感じることによって、保育者との信頼関係も育まれていき
ます。

　身近な大人との安定した関係のなかでかかわりあうことの楽しさを感じることが、他者
への関心を広げ、その後の子ども同士のかかわりへとつながっていきます。乳児期に人と
かかわることの心地良さやうれしさを感じ取りながら、人とかかわる体験を重ねていくこ
とが大切なのです。

　授乳やおむつ交換といった日常的なかかわりのなかで、子どもは周囲の大人から抱っこ
されたり、あやされたりします。その時にゆったりと見つめ合ったり、触れ合ったりする
ことで、かかわる大人の顔をじっと見てほほえんだり、クーイングをしたり、手を伸ばし
たりしてくれます。誰がかかわってもうれしそうに喃語を発する時期を過ぎると、明確に
人を認識して特定の大好きな大人を安心できる対象として**愛着関係**を形成していくように
なっていきます。その人の後追いをしたり、居場所を確認したり、見知らぬ人にあやされ
ることを嫌がったり、警戒を高めたりする「人見知り」の行動がみられます。人見知りは
信頼できる大切な大人が分かり、そうでない人との区別ができるようになったことからあ
らわれる子どもの姿で、愛着関係が形成されたからこそみられる行動です。

　自分の意思を通そうと泣くといった感情表現にも保育者は子どもの気持ちを代弁し、語
りかけながら安心して感情が出せるようにしていきましょう。快も不快も含めてさまざま
な感情を受け止めてもらえる体験が、自己肯定感につながっていきます。自分が何をした
いのかというような自分の気持ちをさまざまな表現で示す自我の芽生えである自己主張を

共感的に意味づけ直し、子どもの思いを理解していく保育者の丁寧なかかわりが不可欠です。

　大好きな安心できる保育者を心の**安全基地**として、子どもは獲得した身体機能をいかして行動範囲を広げ、周囲のものや人に能動的に働きかける機会を増やしていきます。探究心を刺激する活動のなかでも不安な場面では、保育者のところに戻って安心感を蓄え、また関心のあるものや人に向けて探索を始めます。保育者が一緒にいて見守っている安心感が、子どもの好奇心を満たす探索活動を一層活発にしていきます。信頼の対象として認知した大人と同じようにしたいという思いから模倣をする姿も見られます。保育者と同じ動きをしようとさまざまな体の動きをしてみたり、遊びを通して動ける楽しみを覚えたり、ものの使い方を覚えたり、自分のできる世界を広げていきます。

　また、探索活動での発見や思いを大好きな相手に伝えたいという欲求や一緒に遊びたいという要求が、子どもの語彙を増加させ、言葉が育まれていきます。子ども自ら意欲をもって周囲の環境にかかわることが、運動機能や認知機能、社会性や情緒、言葉といったさまざまな側面の育ちにつながっていくのです。

　保育者は子どもがどのようなことを感じているのか、考えているのか、子どもの心の動きを丁寧にくみ取り、「自分で」というさまざまな挑戦をあたたかく共感をもって見守ることが重要です。そのためには自分でやってみたいと思える環境が不可欠です。周囲の環境に対する子ども自身の意欲や触ってみたいという要求が身体移動の力を育み、行動範囲を広げることにもつながっていきます。このことがさらなる子どもの興味や関心を広げ、より能動的な活動へと結びついていくように、子どもの育ちにとって保育者のあり方も含めて周囲の環境が大きくかかわることを理解して、保育環境を考えていく必要があります。

---

【演習 1-1】事例から考えてみましょう。

(1)　Aは絵本に描かれている犬の絵をじっと見て、喃語を発して指差しをしました。別の日、Bは絵本に描かれた犬の絵を指差しながら、一緒に絵本を見ていた保育者の顔を何度も見て「あっ、あっ」と言いました。

① AとBの気持ちを代弁してみましょう。

② AとBの指差しの違いは何でしょうか。

③ 保育者としてあなたはAやBとどのようにかかわり、話しかけるでしょうか。考えてみましょう。

④ ③で記したかかわりが子どものどのような育ちに影響するのか、考えてみましょう。

　「抱っこして」「こっちに来て」と要求を伝えてきた手差しから、歩くようになってきた
ころの子どもたちには指差しの行動がみられるようになります。指差しは言葉を発する前
段階の乳児に見られる行動の１つです。子どもの意思表示の姿として的確に読み取ってい
きたいですね。

　さて、Aの場面は自分と犬という二項関係の指差しであり、Bの場面は保育者に伝えた
いという思いが明確になってきたことからうまれる行動です。保育者に伝えたい気持ちが
声としても表れています。

　初語がみられる前から子どもたちはさまざまなサインを出しています。泣いたり、じっ
と見たり、クーイングや母音の発声など、その時のしぐさや表現で子どもはさまざまな発
信をしています。その１つ１つにどのような意味が込められているのか理解して、言語化
しながらコミュニケーションをとっていくことが求められます。

　言葉のやりとりがはじまるまで、AやBたちは身近にいる大人を見つめたり身振りをし
たりと身体表現も用いて伝えたいことがあることに気付いてもらいながら、自分たちの思
いを伝えていくことでしょう。

---

(2)　０歳児６か月のCはよく泣く姿が見られます。保育者は排泄や睡眠など原因を探します
が、これといった原因が見当たりません。７か月のDは人見知りの時期に入ったようで、
見慣れない保育者が保育室に入ってくると担任の保育者の側へ行き、見慣れない保育者を
じっと見つめながら、大泣きするようになりました。同じ月齢のFは大きな声で泣くこと
もなく、にこにこと機嫌よく過ごすことがほとんどです。
① 　３人の子どもたちの気持ちをそれぞれ代弁してみましょう。
② 　保育者としてこの３人について、どのような姿として捉え、かかわっていきますか。

---

〈考えるヒント〉

　Cは園生活のなかで保育者が「快」の状態にしてくれることをまだ感じ取っていないの
かもしれません。関係をつくるきっかけとして、保育者がどのようにかかわっていくのか
がポイントになるでしょう。子どもの感情調整につながるような安心感を伝えていきたい
ですね。泣くことに共感しながら応えてもらえること、安心できる経験を繰り返すことが、
子どものどのような育ちに影響するのか、考えてください。

　人見知りは特定の保育者との愛着関係が形成されている証拠です。知らない人に対する
意識は単に不安だけではなく、興味や関心も芽生えているからこそ、じっと見つめて「観
察」するのです。そんなDの思いをどのように支えていくかを考えていってください。ま
た、Fについてはおだやかな性格であるのかもしれません。ただし、周囲の人やものへの

関心が弱いかどうかを読み取りながら、保育者からの働きかけや環境構成を考えていくことが求められます。

> 【演習 1-2】実習の経験を踏まえて考えてみましょう。まだ実習の経験がない場合には、本テキストの発達表や既修得科目で学習したことから考えてみましょう。
> (1)　子どもたちには「自分でやりたい」という自己欲求にともなう行動がみられます。
>   ①「自分がやりたい」、あるいはあなたの援助に対して「いや」という意思を子どもが表し、困った場面はありましたか。
>   ② あなたはその時、どのような思いでどのようにかかわりましたか。
>   ③「自分でやりたい」のですが、まだ思うようにはできないこともあります。その時、あなたならばどのようにかかわりますか。
>   ④ ③のようにかかわる理由を説明しましょう。

〈考えるヒント〉

　自己主張は自己が育つための重要な成長過程ですが、実習生や新任保育者にとっては時に困ってしまう場面になる場合があります。「やりたい」は有能感の表れであり、学びの１つの姿でもあることを理解するならば、その１回限りではなく、育ちを見通して考えていくことが必要になりますね。

> (2)　自分の思いを表現することが弱い子どもの場合、「おとなしい」あるいは「手がかからない」子として捉えることがあります。
>   ① 改めてその子のどのような点をみて理解を深めようと思いますか。
>   ② その子が心豊かに育つために、日常のなかで保育者として意識すること、かかわるなかで留意しておきたいことは何かも考えてみましょう。

〈考えるヒント〉

　どの保育者に対しても同じように近寄って遊ぶ子どもやあまりぐずったりせずに一人で穏やかに過ごす子どももいます。その子の思いの表し方は一人一人異なります。

　ただし、その子についての理解が必ずしも的確ではない場合もあります。たとえば、「おとなしい」というより「人にかかわる力が弱い」のかもしれませんし、自分の思いだけで「相手の反応を求めていない」のかもしれません。子どもの気持ちを読み取りながら、共感的な応答を繰り返すことで人にかかわる力は育っていきます。その子とのかかわりが他児より結果的に少なくなった場合、どのようなことが起こりうるのかもあわせて考えてみてください。

# 第2章

# 乳児保育における養護および教育

 第1節　乳児保育における養護とは

## （1）養護とは

　「養護」という言葉からみなさんは何をイメージするでしょうか？学校の保健室などにいた養護教諭の先生を思い浮かべ、学校での生活や学びに支援が必要な子どもたちを守り支えるようなイメージかもしれません。「保育所保育指針」において保育における「養護」がどのように説明されているのか見てみましょう。「保育所保育指針」には養護の理念として以下のように記されています。

---

保育所保育指針　第1章　総則

2　養護に関する基本的事項

(1)　養護の理念

　保育における養護とは、<u>子どもの生命の保持及び情緒の安定を図るために保育士等が行う援助や関わり</u>であり、保育所における保育は、養護及び教育を一体的に行うことをその特性とするものである。<u>保育所における保育全体を通じて、養護に関するねらい及び内容を踏まえた保育が展開されなければならない。</u>

(下線、筆者)

---

　保育における「養護」とは、子どもたちの生命を保持し、その情緒の安定を図るための保育士等による援助やかかわりであると記されています。そのような保育士等による援助やかかわりには次のような丁寧な配慮が必要であることが「保育所保育指針解説」においても説明されています。

---

保育所が子どもにとって安心して過ごせる生活の場となるために必要なこと

- 子どもの健康や安全が保障されること
- 子どもにとって快適な環境であること
- 一人の主体として尊重されること
- 信頼できる身近な他者の存在によって情緒的な安定が得られること

保育士の対応に求められること

- 子どもと生活を共にしながら、保育の環境を整えること
- 子ども一人一人の心身の状態などに応じて適切に対応すること

---

　また、保育所における保育は養護および教育を一体的に行うことを特性としています。したがって、保育所における保育が教育的な機能を発揮するためには、上記のような保育士等による丁寧な配慮の下で「養護」の側面が満たされていることが必要となり、保育所における保育にとって「養護」が欠かせないものであることが分かります。

## （2）乳児保育における「養護」とは

　保育所保育における「養護」について学びましたが、乳児保育における「養護」とは具体的にどのような内容をいうのでしょうか。まず「養護に関わるねらい及び内容」を見てみましょう。

---

**保育所保育指針　第1章　総則**

2　養護に関する基本的事項

(2)　養護に関わるねらい及び内容

ア　生命の保持

　(ア)　ねらい

① 一人一人の子どもが、快適に生活できるようにする。

② 一人一人の子どもが、健康で安全に過ごせるようにする。

③ 一人一人の子どもの生理的欲求が、十分に満たされるようにする。

④ 一人一人の子どもの健康増進が、積極的に図られるようにする。

　(イ)　内容

① 一人一人の子どもの平常の健康状態や発育及び発達状態を的確に把握し、異常を感じる場合は、速やかに適切に対応する。

② 家庭との連携を密にし、嘱託医等との連携を図りながら、子どもの疾病や事故防止に関する認識を深め、保健的で安全な保育環境の維持及び向上に努める。

③ 清潔で安全な環境を整え、適切な援助や応答的な関わりを通して子どもの生理的欲求を満たしていく。また、家庭と協力しながら、子どもの発達過程等に応じた適切な生活のリズムがつくられていくようにする。

④ 子どもの発達過程等に応じて、適度な運動と休息を取ることができるようにする。また、食事、排泄、衣類の着脱、身の回りを清潔にすることなどについて、子どもが意欲的に生活できるよう適切に援助する。

イ　情緒の安定

　(ア)　ねらい

① 一人一人の子どもが、安定感をもって過ごせるようにする。

② 一人一人の子どもが、自分の気持ちを安心して表すことができるようにする。

③ 一人一人の子どもが、周囲から主体として受け止められ、主体として育ち、自分を肯定する気持ちが育まれていくようにする。

---

④ **一人一人の子ども**がくつろいで共に過ごし、心身の疲れが癒されるようにする。

(イ) 内容

① 一人一人の子どもの置かれている状態や発達過程などを的確に把握し、子どもの欲求を適切に満たしながら、応答的な触れ合いや言葉がけを行う。

② 一人一人の子どもの気持ちを受容し、共感しながら、子どもとの継続的な信頼関係を築いていく。

③ 保育士等との信頼関係を基盤に、一人一人の子どもが主体的に活動し、自発性や探索意欲などを高めるとともに、自分への自信をもつことができるよう成長の過程を見守り、適切に働きかける。

④ 一人一人の子どもの生活のリズム、発達過程、保育時間などに応じて、活動内容のバランスや調和を図りながら、適切な食事や休息が取れるようにする。

(太字、筆者)

「生命の保持」では、快適に、健康で安全に過ごすこと、生理的欲求が満たされること、健康増進が図られることなど、子ども一人一人の生きることそのものを保障することが「ねらい」とされています。「情緒の安定」では、一人一人の子どもが保育士等に受け止められながら、安定感をもって過ごし、自分の気持ちを安心して表し、周囲の人から主体として受けとめられることで自己を肯定する気持ちを育むことなどが「ねらい」とされています。そして、「生命の保持」および「情緒の安定」の「ねらい」のすべてが「一人一人の子ども」という言葉から始まっていることからわかるように、保育所における保育は、子どもを一人の人間として尊重し、子どもの命を守り、一人一人の子どもを深く愛し、丁寧な援助やかかわりをおこなうことを大切にしています。

とくに乳児期は心身の発育・発達が著しいのと同時に個人差も大きな時期です。したがって、乳児クラスの保育において、快適であること、健康で安全な生活を守ることは、子どもの生命に直接かかわります。また、乳児が保護者と離れても安心して保育所での時間を過ごすためには、特定の保育士等が愛情豊かにかかわり、**情緒的な絆**を形成することが大切です。そのためにも、乳児期の保育において「養護」の側面が満たされることは、欠かすことができない大切な保育士等の援助やかかわりなのです。

##  第2節　乳児保育における教育とは

### (1) 教育とは

一般的に「教育」と聞くと、教師が小学校以上の生徒に授業で教えることをイメージするかもしれませんが、保育における教育とは「子どもが健やかに成長し、その活動がより

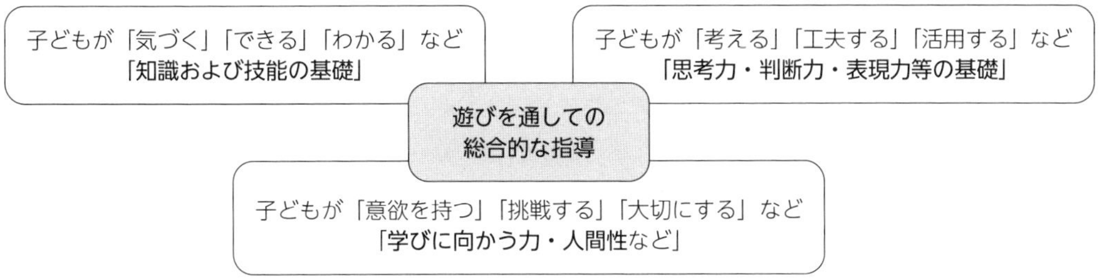

子どもが「気づく」「できる」「わかる」など
「知識および技能の基礎」
子どもが「考える」「工夫する」「活用する」など
「思考力・判断力・表現力等の基礎」
遊びを通しての
総合的な指導
子どもが「意欲を持つ」「挑戦する」「大切にする」など
「学びに向かう力・人間性など」

図 2-1　育みたい 3 つの資質・能力
出典：文部科学省「幼児教育部会における審議の取りまとめ」2016 年より筆者改変
(https://www.mext.go.jp/b_menu/shingi/chukyo/chukyo3/057/sonota/__icsFiles/afieldfile/2016/09/12/1377007_01_4.pdf、2020 年 11 月 25 日閲覧)

愛情豊かなかかわり
応答的なかかわり
安心感
子どもの意欲
育つ力

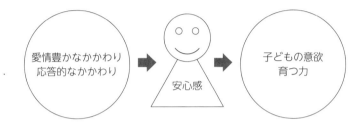

図 2-2　保育における養護と教育

豊かに展開されるための発達の援助」のことを言います。それでは、「子どもが健やかに成長し、その活動がより豊かに展開されるための発達の援助」とは具体的にどのようなことをいうのでしょうか。

乳幼児期の教育は、生涯にわたる人格形成の基礎を培う重要なものです。そして、乳幼児期は児童期と異なり、遊びを中心とした生活の中で、子どもが主体的に環境にかかわり、そこで「○○ができるようになった」「○○したらどうなるのかな？」「○○をやってみたい」「○○って何だろう？」などの興味や関心、意欲が生まれます。これは育みたい３つの資質・能力（図 2-1 参照）にもつながる姿になります。しかし、このような子どもの意欲や育つ力は、一人一人の子どもが主体として尊重され、安心して過ごせる環境があるからこそ生まれるのです（図 2-2 参照）。

教育にかかわる側面からの視点として、乳児保育（０歳児）は生活や遊びが充実することを通して、子どもたちの身体的・精神的・社会的発達の基盤を培うという考え方に基づいて「健やかに伸び伸びと育つ」「身近な人と気持ちが通じ合う」「身近なものと関わり感性が育つ」の３つの視点からまとめられています。１歳以上３歳未満児および３歳以上児については５領域「健康」「人間関係」「環境」「言葉」「表現」となります（図 2-3 参照）。乳児保育、１歳以上３歳未満児の保育、３歳以上児の保育はそれぞれつながっており、この連続性を意識することが「子どもが健やかに成長し、その活動がより豊かに展開されるための発達の援助」として大切なのです。

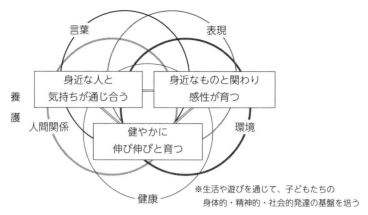

図 2-3　0 歳児の保育内容の記載のイメージ

出典：厚生労働省「保育所保育指針の改定に関する議論のとりまとめ」2016 年、p. 18
(https://www.mhlw.go.jp/file/05-Shingikai-12601000-Seisakutoukatsukan-
Sanjikanshitsu_Shakaihoshoutantou/1_9.pdf、2020 年 12 月 17 日閲覧)

## （2）乳児保育（0 歳児）の保育内容

　乳児保育（0 歳児）は先に述べたように、乳児期の発達の特徴をふまえて教育の側面の視点として「健やかに伸び伸びと育つ」「身近な人と気持ちが通じ合う」「身近なものと関わり感性が育つ」の 3 つの視点からまとめられています（表 2-1 参照）。

　乳児保育（0 歳児）において、「養護」が満たされ、この 3 つの視点が一体となって展開される保育を具体的な場面を通して学びましょう。

　たとえば、0 歳児が離乳食を食べる場面において、保育者がスプーンに離乳食をのせて

表 2-1　乳児保育（0 歳児）の「ねらい」

| 身体的発達に関する視点 | 社会的発達に関する視点 | 精神的発達に関する視点 |
|---|---|---|
| ア　健やかに伸び伸びと育つ | イ　身近な人と気持ちが通じ合う | ウ　身近なものと関わり感性が育つ |
| 健康な心と体を育て、自ら健康で安全な生活をつくり出す力の基盤を培う。 | 受容的・応答的な関わりの下で、何かを伝えようとする意欲や身近な大人との信頼関係を育て、人と関わる力の基盤を培う。 | 身近な環境に興味や好奇心をもって関わり、感じたことや考えたことを表現する力の基盤を培う。 |
| ㋐　ねらい<br>①　身体感覚が育ち、快適な環境に心地よさを感じる。<br>②　伸び伸びと体を動かし、はう、歩くなどの運動をしようとする。<br>③　食事、睡眠等の生活のリズムの感覚が芽生える。 | ㋐　ねらい<br>①　安心できる関係の下で、身近な人と共に過ごす喜びを感じる。<br>②　体の動きや表情、発声等により、保育士等と気持ちを通わせようとする。<br>③　身近な人と親しみ、関わりを深め、愛情や信頼感が芽生える。 | ㋐　ねらい<br>①　身の回りのものに親しみ、様々なものに興味や関心をもつ。<br>②　見る、触れる、探索するなど、身近な環境に自分から関わろうとする。<br>③　身体の諸感覚による認識が豊かになり、表情や手足、体の動き等で表現する。 |

（※乳児保育の「内容」については保育所保育指針または認定こども園教育・保育要領を参照）

子どもの口元に持っていけば、０歳児は口を開けてスプーンにのせられた離乳食を食べ、空腹が満たされ、生理的欲求は満たされるでしょう（養護：生命の保持）。また、０歳児が離乳食のなかから食べたいものを指差すなどした時に「○○ちゃん、△△が食べたいの？はい、あーんして、もぐもぐ、上手に食べてるね」などの声かけをすることで、保育者から主体として受け止められている安心感（養護：情緒の安定）を感じられるでしょう。

　離乳食を通して、乳児はさまざまな食材との出会いや食べる喜び、楽しさを感じるでしょう。食事の介助の中で言葉のやり取り（教育：身近な人と気持ちが通じ合う）や食器や離乳食に手で触れることで素材の違いに興味を持ったり、匂いや触り心地が異なること（教育：身近なものと関わり感性が育つ）に気づくでしょう。

　このように養護の側面が満たされている中、離乳食を食べるという日々の活動が子どもの育つ意欲や生きる力につながっています。

## （３）１歳以上３歳未満児の保育内容

　１歳以上３歳未満児の保育では、３歳以上児と同じ５つの領域「健康」「人間関係」「環境」「言葉」「表現」になります（表2-2参照）。この５つの領域にかかわる保育の内容は、乳児保育（０歳児）と３歳以上児の保育とつながっています。

　１歳以上３歳未満児の遊びの場面から、「養護」と「教育」が一体となって展開されるというのはどのようなことをいうのか具体的な遊びの場面を通して学びましょう。２歳児クラスでは、指先が器用になってきた子どもたちが、引っ張ったり、つまんだり、めくる動作のある遊びを楽しんでいます。また、この時期は１人でじっくり夢中になって遊ぶ経験も大切にしたい時期でもあります。

表 2-2　１歳以上３歳未満児の「ねらい」

| 領域 | ねらい |
|---|---|
| 健康 | ① 明るく伸び伸びと生活し、自分から体を動かすことを楽しむ。<br>② 自分の体を十分に動かし、様々な動きをしようとする。<br>③ 健康、安全な生活に必要な習慣に気付き、自分でしてみようとする気持ちが育つ。 |
| 人間関係 | ① 保育所での生活を楽しみ、身近な人と関わる心地よさを感じる。<br>② 周囲の子ども等への興味や関心が高まり、関わりをもとうとする。<br>③ 保育所の生活の仕方に慣れ、きまりの大切さに気付く。 |
| 環境 | ① 身近な環境に親しみ、触れ合う中で、様々なものに興味や関心をもつ。<br>② 様々なものに関わる中で、発見を楽しんだり、考えたりしようとする。<br>③ 見る、聞く、触るなどの経験を通して、感覚の働きを豊かにする。 |
| 言葉 | ① 言葉遊びや言葉で表現する楽しさを感じる。<br>② 人の言葉や話などを聞き、自分でも思ったことを伝えようとする。<br>③ 絵本や物語等に親しむとともに、言葉のやり取りを通じて身近な人と気持ちを通わせる。 |
| 表現 | ① 身体の諸感覚の経験を豊かにし、様々な感覚を味わう。<br>② 感じたことや考えたことなどを自分なりに表現しようとする。<br>③ 生活や遊びの様々な体験を通して、イメージや感性が豊かになる。 |

（※内容については、保育所保育指針または認定こども園教育・保育要領を参照）

たとえば、2歳児が指先を使って「ひも通し」をして遊んでいます。落ち着いて遊ぶことができるように、机1台と椅子4脚を準備し、椅子に座って机の上にあるおもちゃで遊ぶことができるようにします（養護：生命の保持）。また、保育者がそばで見守ることで、初めてひも通しにチャレンジする子どもも、繰り返しひも通しで遊んでいる子どもも安心して遊べるようにします（養護：情緒の安定）。

　机の上にひもと短く切ったゴムホースやひもを通せるように穴があけられたパーツを種類別に並べます（領域：環境）。子どもが取りやすいように並べることで、子ども自身がパーツに手を伸ばし、短く切ったゴムホースなどにひもを通します。子どもはひも通しという遊びを通して、ゴムホースやひもをつまんだり、ゴムホースの穴の中にひもを通そうと調整します（領域：健康・環境）。ゴムホースの中にひもが通った時に、「できたよ！」「見て！見て！」と近くで見守っている保育者や他の子どもにゴムホースにひもが通った喜びを言葉や表情で伝える姿が見られます（養護：情緒の安定、領域：人間関係・環境・言葉・表現）。また、たくさんのゴムホースにひもを通してネックレスを作る（領域：表現）子どももいます。

　このように養護の側面が満たされている中、ひも通しという遊びを通して、自ら手指を操作して、ゴムホースの弾力に合わせたつかみ方やゴムホースの中にひもを通すためにはひものどのあたりを持つと通しやすいのかなど、保育者が子どもに直接教えるのではなく、子どもがひも通しという遊びを通して試行錯誤して、子ども自身が遊びを通して楽しみながら、気付いたり、創意工夫できるようにします。

 第3節　乳児保育における養護と教育

　乳児期だけでなく幼児期においても、養護の側面の充実があるからこそ、子どもの遊びが豊かとなり、豊かな遊びの中で多くの学びを得ていきます。一般的に乳児は寝て、食べて、遊んで、泣いて、あやされて、何も一人でできないから、大人が何でもしてあげなければならないというイメージかもしれません。しかし、乳児は全身を使って、**五感**を使って自ら多くのことを主体的に学んでいます。したがって、0・1・2歳児を対象としている乳児保育は、0・1・2歳児が安心して過ごすことができる空間といつでも甘えることができる信頼できる大人がいて、それぞれの育ちに合わせた工夫がなされた環境を整えることが重要です。

**第4節　個々の子どもに応じた援助や受容的・応答的なかかわり**

「受容的・応答的な関わり」という言葉は保育の授業や子どもとのかかわりのなかでよく耳にするのではないでしょうか。保育所保育指針でも以下の3か所で使用されており、保育士等が子どもに対して受容的・応答的にかかわることが、人とかかわる力の基盤になることや保育所のなかで安定して過ごすことにつながることが分かります。

---

**保育所保育指針　第2章　保育の内容**

1　乳児保育に関わるねらい及び内容

(2)　ねらい及び内容

イ　身近な人と気持ちが通じ合う

　受容的・応答的な関わりの下で、何かを伝えようとする意欲や身近な大人との信頼関係を育て、人と関わる力の基盤を培う。

　(ｳ)　内容の取扱い

　①　保育士等との信頼関係に支えられて生活を確立していくことが人と関わる基盤となることを考慮して、子どもの多様な感情を受け止め、温かく受容的・応答的に関わり、一人一人に応じた適切な援助を行うようにすること。

2　1歳以上3歳未満児の保育に関わるねらい及び内容

(2)　ねらい及び内容

イ　人間関係

　(ｲ)　内容

　②　保育士等の受容的・応答的な関わりの中で、欲求を適切に満たし、安定感をもって過ごす。

（下線、筆者）

---

　それでは、個々の子どもに応じた援助や受容的・応答的なかかわりとはどのようなものなのか、演習 2-1 を通して一緒に考えてみましょう。

---

**【演習 2-1】**

　絵本が大好きなAちゃんは絵本コーナーで絵本を出して1、2ページ見ては次の絵本というように次々と絵本を出して遊んでいます。あなたなら、Aちゃんに対してどのようなかかわりをしますか？4〜6人のグループを作って具体的な援助について考えてみましょう。

　①　4〜6人のグループを作りましょう。

　②　グループでAちゃんに対して受容的で応答的なかかわりを通して、どのような援助をするか考えましょう。また、その援助の意図についても考えましょう。

　③　グループでAちゃんに対するかかわり方を決めたら、Aちゃん役と保育者役に分かれ

---

て実践してみましょう。

④ 実践を通してAちゃんはなぜ次々と絵本を出していたのか、次々と絵本を出す姿から
　保育者はAちゃんのどのような部分の育ちに気づくのか考えてみましょう。

⑤ ①〜④を踏まえて、Aちゃんに対する援助や受容的・応答的なかかわりについてまと
　めましょう。

| メンバー | |
|---|---|
| Aちゃんに対する具体的な援助やかかわりを書きましょう。また、なぜそのようなかかわりをするのか保育者としての意図も考えてみましょう。 | |
| 実践を通してAちゃんについて気づいたこと | |
| 実践を通して保育者の援助やかかわりから気づいたこと | |
| まとめ | |

 第5節　子どもの主体性の尊重と自己の育ち

　自己の発達は社会性の発達と関連するといわれています。乳児が鏡を見て微笑んだり、手を伸ばしたりして、まるで鏡に映っている自分と遊んでいるような姿を見たことがあるのではないでしょうか？この様子から乳児は18か月頃まで鏡に映る自分が自分だと気づいておらず、まだ自己を認識していないとされていました。しかし、乳児は誕生から自己に気づいているのではないかという主張もあります。たとえば、本書の発達表の2か月の運動項目に「ハンドリガード」(p.46) があるように、目の前にあらわれた手をじっと見た

り、動かしてみたり、なめてみたりする中で、なめたら、なめられた体の感覚があること
に気付きます。それは、とても不思議な感覚でしょう。何度も繰り返し、試すうちに、な
めているものが自分の体の一部であり、手であることに気付きます。これは乳児にとって
大発見です。このような経験を繰り返すなか、1歳～2歳頃にかけて、自分のものと他の
人のものを区別するようになったり、名前を呼ばれたら手を挙げたり、返事をするように
なります。

　上記のような自己の育ちを支えるものは何でしょうか。それは、子どもの主体性の尊重
です。子どもの主体性を尊重する保育には、子どもが不思議に感じたこと、やってみたい
と思うことを安全に配慮しながら温かく受け止める環境があり、子どものその思いに寄り
添う保育者等がいることが必要となります。

【演習2-2】
　DVDや無料動画サイトなどで「乳児のハンドリガード」および「鏡を見て遊ぶ乳児」の
動画を見てみましょう。自己を認識している乳児と異なる反応を見ることができます。動画
を見て気付いたことなどをまとめてみましょう。自己を認識している子どもとの違いなどに
着目してみましょう。

「乳児のハンドリガード」の姿から気付いたこと



「鏡を見て遊ぶ乳児」の姿から気付いたこと

 第6節　子どもの体験と学びの芽生え

　2017（平成29）年に告示された保育所保育指針、幼稚園教育要領、認定こども園教育・
保育要領において「幼児期の終わりまでに育ってほしい姿」として次頁の「10の姿」が示
されました。これは、「5領域のねらい及び内容」に基づく保育活動全体を通して「資質・
能力」が育まれている幼児の卒園する頃に見られる具体的な姿として示されています。こ
のように書くと、この「10の姿」が卒園時期の子どもの育ちの到達目標のように思うかも
しれません。しかし、この「10の姿」は到達目標として示されているのではなく、「資
質・能力」が伸びていく方向が示されたものです。「幼児期の終わりまでに育ってほしい

〈幼児期の終わりまでに育ってほしい姿〉

① 健康な心と体

② 自立心

③ 協同性

④ 道徳性・規範意識の芽生え

⑤ 社会生活との関わり

⑥ 思考力の芽生え

⑦ 自然との関わり・生命尊重

⑧ 数量や図形、標識や文字などへの関心・感覚

⑨ 言葉による伝え合い

⑩ 豊かな感性と表現

姿」と聞くと、乳児期の保育とはあまり関連がないように感じるかもしれませんが、子どもの学びは0歳からスタートしています。つまり、このような姿は5歳児になって突然現れるものではなく、乳児期からその芽生えを見ることができます。日々の保育の中で子どもの姿を丁寧に見ていくと、意識する前には気づかなかった「10の姿」につながるような子どもの姿を発見することができます。また、「資質・能力」の3つの柱（p.15図2-1参照）のキーワードになっている「気づく、できるようになる」「試す、工夫する」「しようとする（意欲）、協力する」を意識すると具体的な姿をイメージすることができます。

　それでは、エピソードを通して子どもの学びの芽生えについて考えていきましょう。

エピソード1

　ベビーベッドで寝転がっているAちゃんの手元にガラガラがありました。Aちゃんの手にガラガラが当たり、ガラガラが転がって「コロコロコロ」と鳴りました。

　別の日、Aちゃんが手を動かしていると、ガラガラがAちゃんの手のひらに当たり、Aちゃんはガラガラをつかんでしまいました（把握反射…赤ちゃんの手のひらに大人の指などを入れるとギュッと握る）。ガラガラをつかんだAちゃんが腕を動かすと「コロコロ」と音が鳴ります。ガラガラをつかんだまま腕が動くと「コロコロ、コロコロ」と音が鳴ります。このような体験を繰り返すうちに、ガラガラのある方向にAちゃんが手を伸ばし、ガラガラをしっかりつかみました。そして、ガラガラを持った方の腕を動かし、「コロコロコロ」と音を鳴らして遊んでいました。

　ガラガラは乳児のおもちゃの定番です。みなさんも乳児がガラガラを持って遊んでいる姿を見たことがあるのではないでしょうか。このエピソード1に出てくるAちゃんのガラガラとの出会いを振り返ってみましょう。

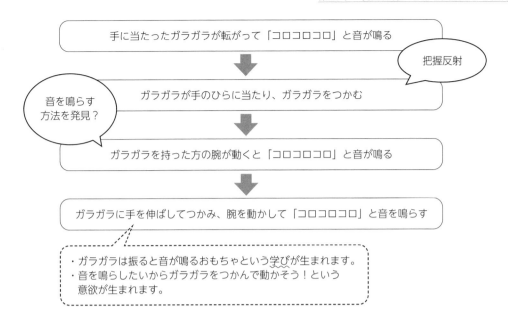

乳児が定番のおもちゃで遊ぶよく見られる光景ですが、この子どもの姿を見て、「音が鳴るおもちゃで遊んで楽しんでいる」ということだけに着目するのではなく、保育者には子どもが主体的にかかわりたくなる環境を整えることや、子どもの育つ力を信じて見守ることが求められます。なぜなら、子どもの育ちを待ちきれず、どのようにすれば良いのか答えを言ってしまったり、子どもの自由な発想よりも大人の事前に考えた遊び方を伝えてしまうと、子どもの学びの機会を奪ってしまうからです。子どもの成長・発達の流れを理解し、一人一人の育つタイミングや興味などに合わせたかかわりを保育の中で大切にしましょう。そして、子どもが遊んでいる姿をじっくり見てみてください。まだ、言葉が出ていない0歳児も視線や仕草、表情、体の動きなどで、どうしてほしいのかを保育士等に伝えています。このような子どもの姿に気付けるようになると、子どもに対してかける言葉のタイミングや内容も変わってきます。また、棚のどの位置にどのような玩具を用意したら良いのかについても、クラスの子どもに合わせて環境を整えることができるようになります。

---

**エピソード2**

　乳児クラスの天井からモビールがぶら下がっています。エアコンの風や窓を開けた時などにゆっくりゆらゆら揺れるモビールを保育者に抱っこされているBちゃんが指差しています。

＊モビール…天秤のような形を組み合わせた棒の先に飾りをつけて、風が当たると飾りがゆらゆら揺れる様子を見て楽しみます。

---

　エピソード2は「風」を視覚的に感じるエピソードです。風は目に見えませんが、風が

モビールに当たって揺れることで、見えない風の動きを感じることができます。ただし、乳児クラスでモビールが揺れることに気づいたからといって、乳児が風の吹く原理について理解したり、調べてみようとしたりするということはないでしょう。また、風の原理を教えるためにモビールを環境の中で使っているわけではないので、モビールの動きを見ながら、「これはエアコンの風が当たっているから動いているんだよ」などの説明は不要です。しかしこのような体験が積み重なって、風が当たるとものが動くという子ども自身の気付きにつながります。

> **エピソード3**
> 　乳児クラスの片付けの時間。保育室の棚にはそこに片付ける玩具や絵本の絵カードが貼られています。ブロックはブロックの絵カードが付いたかごの中に、ままごと遊びの衣装は棚の2段目に収納されている区切り付きの箱の中に分類して入れています。他にも棚に片付けるおもちゃの絵カードが貼られているので、子どもたちは楽しそうに玩具を運んでいます。

　エピソード3は乳児クラスの片付けの場面です。子どもにとって片付けは遊びの1つです。たとえば、ブロックをブロックの絵カードが付いたかごの中に入れているのは、ブロックの絵カードがついているところはその絵と同じブロックを入れるかごであるということが分かっているからです。その他のおもちゃをブロックの絵カードが付いたかごの中に入れないのは、そのおもちゃはブロックではないと判断して分類することができているからです。つまり、遊んだ玩具を片づけるというエピソードの中にたくさんの学びの芽が考えられます。

**【演習2-3】**
　実習やボランティア、乳児クラスの保育のビデオ学習などで見た子どもの姿を振り返り、その場面の中で子どもたちがどのようなことに興味や関心をもっていたのか、また、どのような学びがあるのか考えてみましょう。

| 子どもの姿 | 子どもたちの興味や関心・学び |
| --- | --- |
|  |  |

# 第3章

# 乳児保育の社会的状況と課題

 第1節 乳児保育および子育て家庭に対する支援をめぐる
社会的状況と課題

## （1）乳児保育および子育て家庭の社会的状況

　乳児保育や子育て家庭を取り巻く社会的状況も変化しています。子どもの数が減少し、核家族化が顕著になりました。では、具体的に図表で確認しながら見ていきましょう。

## 1）合計特殊出生率

　**合計特殊出生率**とは、「15歳から49歳までの女性の年齢別出生率を合計したもの」で、1人の女性がその年齢別出生率で一生の間に生むとしたときの子どもの数に相当します。

　以下のグラフでは、出生率も合計特殊出生率も、下がっていることが分かります。第一次ベビーブームには4.32だった合計特殊出生率が、70年余りで半数以下に減少しています。2019（平成30）年の合計特殊出生率は1.36です。一人の女性が生涯で出産する人数は2人以下という現状です。

　1989（平成元）年には、合計特殊出生率が1.57まで減少しました。1966（昭和41）年の

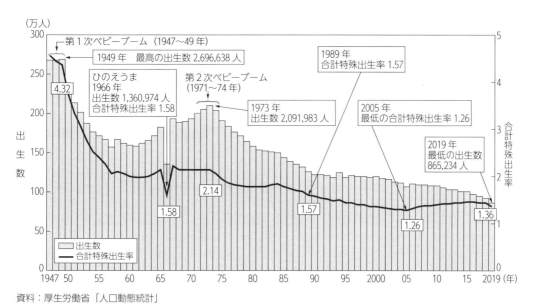

資料：厚生労働省「人口動態統計」

図3-1　出生数及び合計特殊出生率の年次推移

出典：内閣府「令和2年版少子化社会対策白書全体版（PDF版）」
(https://www8.cao.go.jp/shoushi/shoushika/whitepaper/measures/w-2020/r02pdfhonpen/r02honpen.html、
2021年1月11日閲覧)

ひのえうま（丙午とは、60年に一度巡ってくる干支の1つです。丙午の女性は、気性が激しく夫の寿命を縮めるという迷信があり、この年は出産を避ける傾向がありました）の1.58以下だったことから「1.57ショック」（p.5参照）と呼ばれ、ニュースでも大きく取り上げられ、少子化対策がさらに講じられるようになりました。

## 2）少子化

　合計特殊出生率が下がっているということは、当然子どもの数も減っています。以下の図3-2は、1950（昭和25）年からの「こどもの数及び割合の推移」です。子どもの数が減少していることが一目瞭然です。1950（昭和25）年には35.4％だった子どもの割合が、70年後の2020（令和2）年には12.0％に減少し、約1/3になりました。

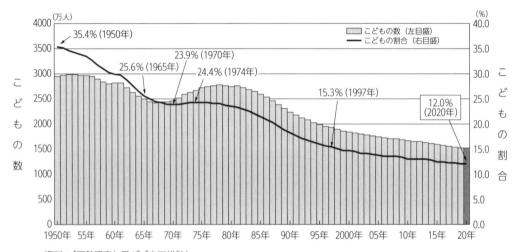

資料：「国勢調査」及び「人口推計」
注）2019年及び2020年は4月1日現在、その他は10月1日現在
図3-2　こどもの数及び割合の推移
出典：総務省　報道資料「我が国のこどもの数―「こどもの日」にちなんで（令和2年5月4日）」2020年
(https://www.stat.go.jp/data/jinsui/topics/pdf/topics125.pdf、2021年1月11日閲覧)

## 3）核家族化

　核家族とは、表3-1に記されているように夫婦のみ、夫婦と未婚の子のみ、ひとり親と未婚の子のみの世帯を指します。調査が開始された1986（昭和61）年には60.9％でしたが、20年後の2016（平成28）年には60.5％とさほど変わっていません。しかし、三世代世帯を見ると、1986（昭和61）年には15.3％でしたが、20年後の2016（平成28）年には5.9％に激減しています。祖父母・親・子どもと三世代同居する世帯が減っていることを示しています。

## 4）共働き世帯の増加

　1980（昭和55）年は圧倒的に専業主婦世帯が多かったですが、10年後の1990（平成2）年頃からは、**共働き世帯**が**専業主婦世帯**を上回っています。1996（平成8）年は、専業主婦世帯と共働き世帯が同数になっていますが、翌年からは共働き世帯が増加の一途を辿っ

表 3-1　世帯構造別平均世帯人員の年次推移

| | 世帯構造（構成割合：単位%） | | | | | |
| | 単独世帯 | 核家族 | | | 三世代世帯 | その他の世帯 |
| | | 夫婦のみの世帯 | 夫婦と未婚の子のみの世帯 | ひとり親と未婚の子のみの世帯 | | |
|---|---|---|---|---|---|---|
| 1986（昭和61）年 | 18.2 | 14.4 | 41.4 | 5.1 | 15.3 | 5.7 |
| 1989（平成元）年 | 20 | 16 | 39.3 | 5 | 14.2 | 5.5 |
| 1992（平成4）年 | 21.8 | 17.2 | 37 | 4.8 | 13.1 | 6.1 |
| 1995（平成7）年 | 22.6 | 18.4 | 35.3 | 5.2 | 12.5 | 6.1 |
| 1998（平成10）年 | 23.9 | 19.7 | 33.6 | 5.3 | 11.5 | 6 |
| 2001（平成13）年 | 24.1 | 20.6 | 32.6 | 5.7 | 10.6 | 6.4 |
| 2004（平成16）年 | 23.4 | 21.9 | 32.7 | 6 | 9.7 | 6.3 |
| 2007（平成19）年 | 25 | 22.1 | 31.3 | 6.3 | 8.4 | 6.9 |
| 2010（平成22）年 | 25.5 | 22.6 | 30.7 | 6.5 | 7.9 | 6.8 |
| 2013（平成25）年 | 26.5 | 23.2 | 29.7 | 7.2 | 6.6 | 6.7 |
| 2016（平成28）年 | 26.9 | 23.7 | 29.5 | 7.3 | 5.9 | 6.7 |
| 2017（平成29）年 | 27 | 24 | 29.5 | 7.2 | 5.8 | 6.5 |
| 2018（平成30）年 | 27.7 | 24.1 | 29.1 | 7.2 | 5.3 | 6.6 |
| 2019（令和元）年 | 28.8 | 24.4 | 28.4 | 7 | 5.1 | 6.3 |

注：1）1995（平成７）年の数値は、兵庫県を除いたものである。
　　2）2016（平成28）年の数値は、熊本県を除いたものである。
出典：厚生労働省「2019年国民生活基礎調査の概況」をもとに筆者作成
(https://www.mhlw.go.jp/toukei/saikin/hw/k-tyosa/k-tyosa19/dl/02.pdf、2020年11月25日閲覧)

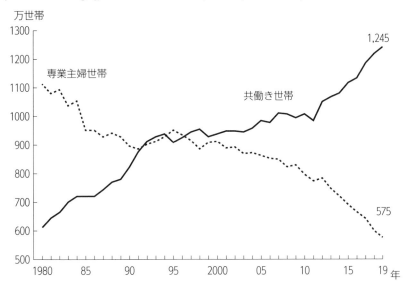

資料出所：厚生労働省「厚生労働白書」、内閣府「男女共同参画白書」、総務省「労働力調査特別調査」、
　　　　　総務省「労働力調査（詳細集計）」
注１：「専業主婦世帯」は、夫が非農林業雇用者で妻が非就業者（非労働力人口及び完全失業者）の世帯。
注２：「共働き世帯」は、夫婦ともに非農林業雇用者の世帯。
注３：2011年は岩手県、宮城県及び福島県を除く全国の結果。
注４：2013年～2016年は、2015年国勢調査基準のベンチマーク人口に基づく時系列用接続数値。
図 3-3　専業主婦世帯と共働き世帯
出典：独立行政法人 労働政策研究・研修機構「早わかり　グラフでみる長期労働統計」
(https://www.jil.go.jp/kokunai/statistics/timeseries/html/g0212.html、2021年1月11日閲覧)

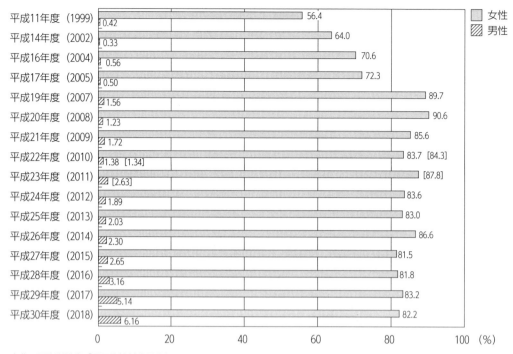

出典：厚生労働省「雇用均等基本調査」
（※）　平成26年度調査においては、平成24年10月1日から平成25年9月30日までの1年間。
（注）　平成22年度及び平成23年度の〔　〕内の比率は、岩手県、宮城県及び福島県を除く全国の結果。

**図 3-4　育児休業取得率の推移**

出典：厚生労働省「令和 2 年度版　厚生労働白書」
（https://www.mhlw.go.jp/wp/hakusyo/kousei/19/dl/2-01.pdf、2021 年 1 月 11 日閲覧）

ており、2019（令和元）年には共働き世帯が専業主婦世帯の 2 倍以上になっています。共働き世帯が増えると、子どもを預ける場所が必要となり、乳児保育のニーズが高まってきます。

① 育児休業制度

　　出産後に仕事を休業にできる育児休業という制度があります。2017（平成 29）年に「育児・介護休業法」が改定されました。改定以前は、育児休業期間が原則 1 年間で、例外的に 1 歳 6 か月までの延長が認められていましたが、改定後は子どもが 1 歳 6 か月に達した時点で、保育所に入れない場合は再度申出することにより、育児休業期間を最長 2 歳まで延長できるようになりました。

　　また、産後 8 週間以内に男性が育児休業を取得した場合は、特別な事情がなくても申出により再度の育児休業取得が可能となり、これを通称「パパ休暇」と言います。「イクメン」という言葉も聞かれ、男性の積極的な育児参加も珍しくなくなりました。

**（2）乳児保育および子育て家庭に対する支援をめぐる課題**

　　乳児保育および子育て家庭に対する支援をめぐる課題としては、「地域とのつながりの希薄化」「待機児童問題」「格差・貧困」が挙げられます。

## 1）地域とのつながりの希薄化

　日本には「遠くの親戚より近くの他人」ということわざがあります。昔は、近隣住民は何かと助け合う風潮がありましたが、現在では同じマンションに住む隣人でも話したことがないという声も聞かれるようになりました。

　その一方「地域」が見直され、その土地の文化や行事を大切にし、後世に継承するために努力する姿も見られます。

　たとえば、保育所等から散歩に出かけると、地域の方々が挨拶をしてくださったり、子どもたちに何かと声を掛けてくださいます。子どもは地域で育っていきます。地域とのつながりの希薄化が懸念される昨今、大人が地域を大切にし、子どもたちにその重要性を伝えていきたいものです。

## 2）待機児童問題

　**待機児童**とは、正確には保育所等利用待機児童といい、「調査日時点において、保育の

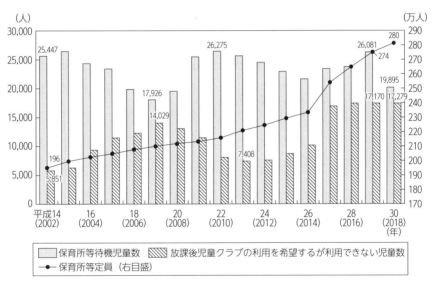

（備考）　1．保育所等待機児童数、保育所等定員は、平成26年までは厚生労働省「保育所関連状況取りまとめ」、平成27年以降は「保育所等関連状況取りまとめ」より作成。放課後児童クラブの利用を希望するが利用できない児童数は、厚生労働省「放課後児童健全育成事業（放課後児童クラブ）の実施状況」より作成。
　　　　　2．保育所等待機児童数、保育所等定員は、各年4月1日現在。放課後児童クラブの利用を希望するが利用できない児童数は、各年5月1日現在。
　　　　　3．平成27年以降の保育所等待機児童数、保育所等定員は、平成27年4月に施行した子ども・子育て支援新制度において新たに位置づけられた幼保連携型認定こども園等の特定教育・保育施設と特定地域型保育事業（うち2号・3号認定）を含む。
　　　　　4．保育所等定員は、平成27〜29年は保育所、小規模保育事業、家庭的保育事業、事業所内保育事業及び居宅訪問型保育事業の認可定員並びに幼保連携型認定こども園、幼稚園型認定こども園及び地方裁量型認定こども園の利用定員。平成30年は保育所、幼保連携型認定こども園、幼稚園型認定こども園、地方裁量型認定こども園、小規模保育事業、家庭的保育事業、事業所内保育事業及び居宅訪問型保育事業の利用定員。
　　　　　5．平成27年以降の放課後児童クラブの利用を希望するが利用できない児童数は、平成27年4月から施行された子ども・子育て支援新制度で、対象を小学4〜6年生にも拡大をしたため、当該人数も含まれている。
　　　　　6．東日本大震災の影響により、平成23年値は、保育所等待機児童数は岩手県陸前高田市、大槌町、宮城県山元町・女川町・南三陸町、福島県浪江町・広野町・富岡町を除く。また、同年の放課後児童クラブの利用を希望するが利用できない児童数は、岩手県宮古市・久慈市・陸前高田市・大槌町、福島県広野町、楢葉町、富岡町、大熊町、双葉町、浪江町、川内村、葛尾村を除く。

**図 3-5　保育所等待機児童数と保育所等定員及び放課後児童クラブの利用を希望するが利用できない児童数の推移**
出典：内閣府　男女共同参画局「男女共同参画白書　令和元年版」
（https://www.gender.go.jp/about_danjo/whitepaper/r01/zentai/html/zuhyo/zuhyo01-03-14.html、2020 年 11 月 25 日閲覧）

必要性の認定（2号又は3号）がされ、特定教育・保育施設（認定こども園の幼稚園機能部分及び幼稚園を除く。以下同じ。）又は特定地域型保育事業の利用の申込がされているが、利用していないものを把握すること」と定義されています。

　厚生労働省は、2013（平成25）年〜2017（平成29）年までの5年間で約50万人の保育の受け皿確保を目標に「待機児童解消加速化プラン」に取り組んだ結果、目標達成できました。しかし、保育所等への入所を希望するすべての子どもが入所できているわけではありません。待機児童は、各自治体のHPに掲載されています。

### 3）格差・貧困

　日本の子どもの約7人に1人が相対的貧困状態にあります。2014年のOECDのまとめでも、日本の子どもの貧困率は、先進国34ヶ国中10番目に高い数字でした。貧困家庭の子どもを対象に、地域では「こども食堂」が開かれているところもあります。商店や企業からの食材提供や寄付で食事を提供しています。

　家庭の経済格差が教育格差となることも問題視されています。

 ## 第2節　3歳未満児とその家庭を取り巻く環境と子育て支援の場

### （1）3歳未満児とその家庭を取り巻く環境

　2013（平成25）年度に厚生労働省が発表した乳児保育対象年齢の就園率を概観すると、保育所等に入所している子どもは全体の約3割です。つまり、家庭保育の子どもが約7割存在することになります。その中には、いずれ職場復帰を考えている保護者もいると思いますが、3歳未満児は家庭内で保護者と過ごす割合の方が多いのです。

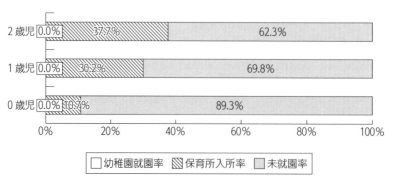

**図3-6　就学前教育・保育の実施状況（平成25年度）**
出典：厚生労働省「保育をめぐる現状」
(https://www.mhlw.go.jp/file/05-Shingikai-12601000-Seisakutoukatsukan-Sanjikanshitsu_Shakaihoshoutantou/02siryou.pdf、2020年11月25日閲覧)

　1990（平成2）年後半から、少子化が加速し社会問題になりました。1999（平成11）年には「新エンゼルプラン」、2010（平成22）年には「子ども・子育てビジョン」が打ち出され、

2015（平成 27）年度より「子ども・子育て支援新制度」がスタートしました。社会全体で子どもを育てていこうとする意識が高まってきました。子育て世代が安心して、妊娠・出産・子育てができるようさまざまな支援が行われるようになりました。

　では、家庭保育の 3 歳未満児がどのように過ごしているのか見ていきましょう。

### （2）3 歳未満児とその家庭を取り巻く子育て支援の場

### 1）つどいの広場事業

　市町村が行う「地域子ども・子育て支援事業」として、子ども・子育て支援法第 59 条に 13 の事業が示されています（p. 143 参照）。そのうちの 1 つに「地域子育て支援拠点事業」があります。

　2002（平成 14）年から始まった「つどいの広場事業」は、主に乳幼児（0 ～ 3 歳）をもつ親とその子どもが気軽に集い、うち解けた雰囲気の中で語り合い、交流を図ることや、ボランティアを活用しての育児相談などを行う場を身近な地域に設置することにより、子育て中の親の子育てへの負担感の緩和を図り、安心して子育て・子育ちができる環境を整備し、地域の子育て支援機能の充実を図ることを目的としています。

　事業内容は、以下の 4 つです。

---

　① 子育て親子の交流、集いの場の提供
　② 子育てに関する相談、援助の実施
　③ 地域の子育て関連情報の提供
　④ 子育て及び子育て支援に関する講習の実施

---

　地域の同じような年齢の子どもをもつ保護者にとっては、ネットワークやコミュニティ作りにも一役かっています。

### 2）子育てサークル

　自治体の HP 等を見てみると、0 歳～就学前の子どもとその保護者を対象にさまざまな**子育てサークル**があります。参加したい人は、興味のあるサークルに親子で参加できます。子ども同士を遊ばせながら、保護者同士も子育ての悩みを共有したり、情報交換したりすることもできます。また、先輩ママから色々な情報をもらい、子育ての参考にすることもあります。

　定期的に開催されているサークルもあれば、行事毎に開催されるもの、また不定期なものがあります。時間や費用もサークル毎に異なります。

### 3）一時預かり事業（一時保育）

　**一時預かり事業（一時保育）**とは、保護者のパート就労や病気等により、一時的に家庭での保育が困難となる場合や、保護者の育児負担軽減のため、保育所等（認可保育所［園］、

認定こども園、小規模保育事業、事業所内保育事業）で子どもを一時的にお預かり（保育）する制度で、自治体により類型名は異なりますが以下の3種類があります。

---

① 非提携保育：保護者の就労や通学により、家庭保育が継続的に困難な場合保護者の病気や出産、ご家族の看護、冠婚葬祭、学校行事などで、ご家庭での保育が一時的に困難となる子どもを預かります。

② 緊急保育：保護者の病気や出産、ご家族の看護、冠婚葬祭、学校行事などで、ご家庭での保育が一時的に困難となるお子さんをおあずかりします。

③ リフレッシュ保育：保護者の育児にともなう心理的、肉体的な負担を軽減するため、一時的に子どもを預かります（体験入所も含みます）。

---

　一時保育は保育所等に入所していなくても利用することができます。利用理由はさまざまですが、保護者にとってはいざという時に子どもを預けられる場所があることは心強いことでしょう。

## ４）おはなし会

　各地域の図書館や児童館・区役所等では、絵本の読み聞かせ等を行う「おはなし会」を実施しています。3歳未満児の6～7割は家庭で過ごしていますので、「おはなし会」に参加する親子も多くいます。「おはなし会」とは、絵本の読み聞かせや、絵本等を使用せずお話だけを聞かせる「ストーリーテリング」を組み合わせて実施されます。毎週か隔週、または1か月に1回等開催頻度は会場によって違います。

　絵本や新しいおはなしに触れる機会でもありますが、「おはなし会」に参加している同年齢の子どもたちとの交流の場でもあります。

# 第4章

# 保育所および多様な場における乳児保育

　乳児保育である0・1・2歳児の保育がおこなわれているのはどこですか？と質問されて、すぐ頭に浮かぶのは保育所なのではないでしょうか。確かに、0・1・2歳児の保育の多くが保育所で行われています。しかし、乳児保育は保育所だけではなく、認定こども園、地域型保育事業などでも行われています。また、乳幼児を対象とした入所施設である乳児院での保育も乳児保育のなかに含まれており、保育所で実施している0・1・2歳児の保育だけが乳児保育と呼ばれるのではありません。

 第1節　保育所における乳児保育

## （1）保育所とは

　**保育所**は、児童福祉法第39条に基づいて、保育を必要とする子どもの保育を行い、その健全な心身の発達を図ることを目的とする**児童福祉施設**です。また、利用定員が原則20人以上であるものに限り、幼保連携型認定こども園は除きます。

　「保育所」という呼び方ですが、「保育園」と何が違うのだろうと思う人もいるかもしれませんが、法的には「保育所」が正式名称で「保育園」は通称表示となり、児童福祉施設としての役割には変わりありません。

　保育所が保育の対象とする子どもは0歳児から小学校就学前の乳幼児です。保育所に入所可能となる月齢は市町村や保育所によって異なりますが、一般的には生後57日目の乳児から入所可能となります。各市町村のHPで保育所の一覧や入所対象年齢、定員などが紹介されています。居住地域や周辺地域、働いてみたい地域のHPで保育所の一覧や入所対象年齢、定員などを確認してみましょう。

## （2）保育所における乳児保育

　「児童福祉施設の設備及び運営に関する基準」第33条により、保育士の配置は表4-1のような基準となっています。第2章において保育における養護について学びましたが、年齢が低ければ低いほど、「一人一人」への丁寧なかかわりが、より求められるため、保育士1人に対する子どもの数が少なくなります。

　クラス分けについては保育所によって異なりますが、年齢ごとの横割りクラスの場合の乳児クラスの年齢は表4-2のようになります。

　このように保育所における乳児保育では、同じ0歳児クラスの4月でも産休明けで入所

表 4-1　保育士の配置基準

| 年齢 | 子どもの数：保育士の数 |
|---|---|
| 0 歳児 | 3：1 |
| 1・2 歳児 | 6：1 |
| 3 歳児 | 20：1 |
| 4・5 歳児 | 30：1 |

表 4-2　乳児クラス別の子どもの年齢

| 年齢 | 子どもの年齢 |
|---|---|
| 0 歳児クラス | 産休明け 2 か月〜1 歳 11 か月 |
| 1 歳児クラス | 1 歳〜2 歳 11 か月 |
| 2 歳児クラス | 2 歳〜3 歳 11 か月 |

＊4 月生まれから 3 月生まれの横割りの場合

した子どもは生後 2 か月ですが、4 月生まれの子どもはすぐに 1 歳となり、3 月には 1 歳 11 か月になります。また、保育所保育は産休明けや育休明けなど年度途中に入所する子どもたちがいるので、0 歳児クラスには首がすわっていない乳児と歩き始めている子どもが同じクラスに在籍することもあります（0 歳児の発達の特徴については、本書第 5 章、8 章を参照）。

### （3）乳児クラスの保護者支援

　「児童福祉法」第 18 条により、保育士は保育士の専門的知識や技術をもって、子どもの保育だけではなく、保護者に対する保育に関する指導を行うとされています。「指導」と聞くと、保育者が保護者に対して教えるようなイメージを持つかもしれません。しかし、ここでいう保護者に対する指導とは、保護者の子育てに寄り添い、保護者が子育てに困った時に信頼して相談できる相手になるということです。また、今は SNS などからたくさんの情報が入りますが、なかには誤った情報なども含まれます。子どもが育つ環境の変化や乳児に関する研究が進んだことで、昔は良かったことが今は乳児にとって良くないとされていることもありますし、逆のパターンもあります。このように情報がたくさん周りにある時代だからこそ、保育の専門家として正しい情報を保護者に発信し、保護者が子育ての喜びや楽しさを感じられるように、そして安心して子育てができるように寄り添っていきましょう。

　乳児クラスの**保護者支援**には個別に行うものとグループやクラス全体に行うものがあります。個別で行う支援としては、登園やお迎え時（p.140 参照）または連絡帳（p.141 参照）を活用した報告・連絡・相談や個人面談などがあります。グループやクラス全体への支援としては、おたより、掲示板、クラス懇談会、保育参観・参加（p.143 参照）などの支援があります。たとえばクラス懇談会も、乳児期の子育てを楽しめるような離乳食の試食会やレシピ紹介、家庭でできるふれあい遊びや手作りおもちゃの紹介、安全に遊ぶための環境の工夫など、成長著しい時期だからこそ知っていてほしい情報について実践を取り入れながら伝えたり、グループで各家庭の子育ての悩みや工夫を共有できるようにしている保育所もあります。

**第2節　認定こども園や幼稚園での乳児保育**

## （1）認定こども園とは

　認定こども園とは幼稚園と保育所の機能や特長をあわせ持ち、地域の子育て支援も行う施設で、表4-3のように4つに分類されています。また、教育・保育を利用する子どもに次の3つの認定区分を設けており、乳児保育の対象は3号認定となります。また、保育時間については就労などの条件により標準時間（最大11時間）と短時間（最大8時間）に分類されています。

---

1号認定：教育標準時間認定・満3歳以上
2号認定：保育認定（標準時間・短時間）・満3歳以上
3号認定：保育認定（標準時間・短時間）・満3歳未満

---

## （2）認定こども園における乳児保育

　認定こども園における3歳未満児保育のデイリープログラム（p.79・82参照）や保育の内容は保育所のものと大きな違いはありません。しかし、3歳以上児のいわゆる幼児クラスの保育になると、学校教育のみを受ける1号認定の子どもと保育を必要とする2号認定の子どもが一緒に園生活をおくっています。そのため、一人一人の子どもの保育ニーズによって在園期間や登降園の時間、午睡の有無など1日の生活の流れが異なります。

## （3）幼稚園における乳児保育

　学校教育法第22条において「幼稚園は、義務教育およびその後の教育の基礎を培うものとして、幼児を保育し、幼児の健やかな成長のために適当な環境を与えて、その心身の発達を助長することを目的とする」と定められた学校です。また、幼稚園に入園することができるのは満3歳から小学校就学前の幼児とされています。このように「満3歳」の子どもも幼稚園の保育の対象となるため、「満3歳児保育」や「2歳児保育」のクラスをつくることが可能となります。この「満3歳児保育」や「2歳児保育」の対象となる子どもは、保育所の2歳児クラスの子どもと同じです。

　「満3歳児保育」「2歳児保育」と呼ばれる満3歳児の受け入れについては、各市町村や幼稚園によって異なり3歳の誕生日を迎えた時点から入園可能とする場合もありますし、区切りの良い時に入園時期を設定する場合もあります。

　幼稚園における乳児保育は、週に1・2回、2歳児を対象とした保育や親子登園での保育を実施している園もあり、保育所などの毎日過ごす生活の場としての保育ではない乳児保育もあります。

表 4-3　認定こども園 4 類型

| | 幼保連携型<br>認定こども園 | 幼稚園型<br>認定こども園 | 保育所型<br>認定こども園 | 地方裁量型<br>認定こども園 |
|---|---|---|---|---|
| 法的性格 | 学校かつ<br>児童福祉施設 | 学校<br>（幼稚園＋保育所機能） | 児童福祉施設<br>（保育所＋幼稚園機能） | 幼稚園機能＋保育所機能 |
| 設置主体 | 国・自治体・学校法人・社会福祉法人 | 国・自治体・学校法人 | 制限なし | |
| 職員の要件 | 保育教諭<br>（幼稚園教諭＋保育士資格） | 満 3 歳以上→<br>両免許・資格の併有が望ましいが、いずれかでも可<br>満 3 歳未満→<br>保育士資格が必要 | 満 3 歳以上→<br>両免許・資格の併有が望ましいが、いずれかでも可＊1<br>満 3 歳未満→<br>保育士資格が必要 | 満 3 歳以上→<br>両免許・資格の併有が望ましいが、いずれかでも可<br>満 3 歳未満→<br>保育士資格が必要 |
| 開園日・時間 | 11 時間開園、土曜日の開園が原則 | 地域の実情に応じて設定 | 11 時間開園、土曜日の開園が原則 | 地域の実情に応じて設定 |

＊1　教育相当時間以外の保育に従事する場合は保育士資格が必要

出典：内閣府・文部科学省・厚生労働省「子ども・子育て支援新制度ハンドブック（施設・事業者向け）（平成 27 年 7 月改訂版）」2015 年、p. 8 より筆者作成

（https://www8.cao.go.jp/shoushi/shinseido/faq/pdf/jigyousya/handbook.pdf、2020 年 12 月 21 日閲覧）

 第 3 節　乳児院における乳児保育

## （1）乳児院とは

　乳児院は児童福祉法第 37 条に規定された児童福祉施設で、さまざまな理由から保護者の養育を受けることができない乳児や幼児を 24 時間、365 日体制で養育する施設です。乳児院と聞くと、乳児のみの施設のように思いますが、2004（平成 16）年 12 月に児童福祉法の一部改正によって、対象を「おおむね 2 歳未満」から「6 歳までの幼児」としました。また、乳児院は乳幼児の基本的な養育機能だけでなく、被虐待児や病児・障がい児などに対応する専門的な養育機能をもつ施設です。したがって、乳児院では保育士だけではなく、医師（嘱託医も含む）、看護師、個別対応職員、家庭支援専門相談員、栄養士、心理療法担当職員や里親支援専門相談員など専門的な知識をもった職員が連携し、養育や療育に携わります。

## （2）乳児院の入所理由および状況

　乳児院入所児童 3,023 人を対象に厚生労働省が行った調査「児童養護施設入所児童等調査結果」（2018）によると、乳児院入所の主な理由で最も多いものが「虐待」の 32.6％で、次に「母の精神疾患等」が 23.2％となっています。主な理由としても最も多い「虐待」の内訳は「母の放任・怠だ」15.7％、「父の放任・怠だ」1 ％、「母の虐待・酷使」6.2％、「父の虐待・酷使」4 ％、「棄児」0.3％、「養育拒否」5.4％です。また、主な理由として「虐待」以外の理由を挙げていても、乳児院に入所している子どもの 40.9％が被虐待の経験者です。その内容は「ネグレクト」が 66.1％と最も多く、次に「身体的虐待」28.9％、「心理

的虐待」16.4％、「性的虐待」0.2％です。このように乳児院に入所が決まった際の理由は必ずしも1つとは限りません。

全国乳児福祉協議会（2019）によると乳児院入所の乳幼児の中には持病や障がいのある子どもも多く、2017（平成 29）年度新規入所児童の 50.5％は病虚弱児で、2.4％の子どもに障がいがありました。障がいのある子どもの割合については、乳児院に入所する際の年齢が、障がいの有無の診断が行われる年齢よりも低いため、医学的な診断名が付けられていない状況であって、発達面で気になる子どもはもっといると考えられています。

## （3）乳児院の職員体制

入所理由を見てもわかるように、乳児院で生活をする子どもたちやその保護者に対して、さまざまな専門的なケアが求められます。そのため、乳児院では、保育士だけではなく、虐待を受けた子どもや愛着障害のある子どもに対して個別にケアする個別対応職員や、家庭支援専門相談員がいます。また、医療的ケアを必要とする子どものために、医療的ケアを担当する医師や看護師、心理療法担当職員や栄養関係からサポートする栄養士、里親関係の支援をする里親支援専門員など専門的な知識を持った職員がいます。このように乳児院ではいろいろな専門スタッフが連携して養育や療育に携わっています。

## （4）乳児院における乳児保育

乳児院は入所施設なので、24 時間 365 日の養育になります。まず、乳児院の1日の流れを見てみましょう（表 4-4 参照）。表 4-4 にある1日の流れはあくまでも目安であり、入所する一人一人の発達や状況によって対応は異なります。

また、全国乳児福祉協議会では入所する一人一人の乳児が大切に育てられるために「乳児院倫理綱領」（表 4-5）と「より適切なかかわりをするためのチェックポイント」（表 4-6）

表 4-4　乳児院の日課例

| 0 歳児 | | 1・2 歳児 | |
|---|---|---|---|
| 時間 | 内容 | 時間 | 内容 |
| 6：00 | 授乳・顔拭き | 7：00 | 起床 |
| 8：30 | 検温・離乳食 | 7：30 | 検温・朝食 |
| 9：30 | 遊び・散歩 | 8：30 | 遊び |
| 11：30 | 沐浴・果汁 | 9：30 | おやつ |
| 12：30 | 午睡 | 10：00 | 遊び・散歩 |
| 14：00 | 授乳・離乳食 | 11：30 | 昼食・午睡 |
| 14：30 | 遊び | 15：00 | 検温・おやつ |
| 15：00 | 検温・おやつ | 16：00 | 遊び |
| 17：30 | 入浴 | 17：30 | 夕食 |
| 18：30 | 授乳・離乳食 | 18：30 | 入浴 |
| 22：00 | 夜間授乳 | 20：00 | 就寝 |

※時間や内容は目安であり、個人差があります。

表 4-5　乳児院　倫理綱領

---

### 乳児院 倫理綱領

　乳児院の責務は、子どもの生命（いのち）と人権を守り、子どもたちが日々こころ豊かにかつ健やかに成長するよう、また、その保護者が子どもたちによりよい養育環境を整えられるよう支援することです。

　私たちはこのことを深く認識し、子育て支援に対する社会からの要請に応えるべく、日々自己研鑽に励み、専門性の向上をめざします。そして、子どもたちの育ちを支える生活の場として、すべての職員が心をあわせ、子どもたちの幸福（しあわせ）を実現するための拠りどころを、次に定めます。

（基本理念）

　私たちは、社会の責任のもとに、子どもたちの生命（いのち）を、かけがえのない、社会で最も尊いものとして大切に守ります。

　私たちは、子どもたちによりそい、その思いを代弁するよう努めるとともに、専門的役割と使命を自覚し、一人ひとりの子どもの最善の利益の実現に努めます。

（権利擁護）

　私たちは、児童憲章と子どもの権利条約の理念を遵守し、子どもたちの人権（生きる権利、育つ権利、守られる権利、参加する権利）を尊重します。

　私たちは、子どもたちへのいかなる差別や虐待も許さず、また不適切なかかわりをしないよう、自らを律します。

（家庭的養護と個別養護）

　私たちは、家庭的な養育環境のもとで、子どもたちが安心して生活できるよう、子どもたち一人ひとりの成長発達をきめ細かく、丁寧に見守っていきます。

（発達の支援）

　私たちは、子どもたち一人ひとりと信頼関係を築き、子どもたちが健全な心身の発達ができるよう育ちを支えます。

（家庭への支援）

　私たちは、関係機関と協働し、家庭機能の回復を援助するとともに、保護者や里親と子どもたちを継続的に支援します。

（社会的使命の遂行）

　私たちは、関係機関と協働し、虐待防止の推進を図るとともに、地域の子育て支援や里親支援などの社会貢献に努めます。

平成 20 年 5 月 9 日（平成 26 年 5 月 12 日一部改正）
社会福祉法人　全国社会福祉協議会・全国乳児福祉協議会

---

出典：全国乳児福祉協議会「乳児院　倫理綱領」
(https://nyujiin.gr.jp/cms/wp-content/uploads/2019/02/rinrikoryo-1.pdf、2020 年 11 月 25 日閲覧)

を作成しています。

　これらを見てわかるように、乳児院では家庭的な養育環境のもとで一人一人の子どもが愛情豊かに育まれることを大切にしています。乳児と養育担当者（保育者 1 名につき 2 ～ 3 名の乳児を担当）との間にアタッチメントが築かれるように、一人一人に対して丁寧にかかわり、乳児が安心して過ごせるように、乳児が「愛されている」と感じられるようにすることが乳児院における乳児保育に求められています。

表4-6　より適切なかかわりをするためのチェックポイント

## より適切なかかわりをするためのチェックポイント
### ―意識しよう　気づこう　子どもたちの思い―

　私たちは、「乳児院倫理綱領」に子どもたちの幸福（しあわせ）を実現するための拠りどころを定めました。
　子どもたちにより適切に接するため、意識すべきことを具体的に掲げ、養育向上に努めます。

### 1．子どもたちへ
□ 一人ひとりを大切に、人として対等に受けとめます。
　　＊一人ひとりの大切ないのちと人権。人として子どもたちを大人と対等な存在として受けとめます。
□ 一人ひとりに、せいいっぱい愛情をそそぎます。
　　＊やさしく、あたたかく。一人ひとりに愛情をもって接します。
□ 一人ひとりの子どもの視点に立ち、ものごとを受けとめ代弁します。
□ あいさつを交わし、いつもやさしいまなざしで成長を見守ります。
　　＊あいさつは生活の基本、お互いに元気をもらいあいます。一人ひとりの成長を喜び、いつも見守っていることが伝わ
　　　るように努めます。
□ ミルクを飲むときは、心地よく飲んでもらえるようにします。
　　＊目と目をあわせ、抱きあげてやさしく話しかけながら。抱っこが苦手な子は好みにあわせて気持ちよく。
□ 泣いたとき、訴えているとき、不安なとき、寂しいとき、思いをしっかり感じて応えます。
　　＊抱きしめます。やさしく語りかけます。子どもたちが求めていることを汲みとって応えます。
□ 呼ばれたら、必ず返事をします。
　　＊子どもたちの出すサインに的確に応えます。
□ いつも清潔に安全に過ごせるように、気を配ります。
　　＊思いきり遊んで汚してもいい。うんちもおしっこも出たらすっきり。汚せる安心感も爽快さも伝えます。環境面の清
　　　潔さと安全性も心がけます。
□ ことばで伝えられない気持ちを感じて、つながりあえるよう心がけます。
　　＊乳児院で生活する不安な気持ちを安心に替えたい。気持ちを受けとめ、ともに感じながら、ときにはことばで伝えら
　　　れるよう働きかけます。
□ 大きな声や音でこわい思いをさせないように、気をつけます。
　　＊大声を出す心地よさや大きな声で歌う楽しさも伝えます。危険を感じた場合は大きな声で止めることもあります。
□ 絶対に叩いたりつねったりしません。
□ あとでねと約束したことは守ります。
　　＊もし約束が守れないときには、必ず子どもたちに謝ります。
□ からだの調子がわるいときには、やさしく看護します。
　　＊子どもたちの体調にはつねに気を配ります。安心して休めるようそばにいます。
□ おうちに帰るときや新しいおうちへ行くときは、安心して行けるようみんなで準備します。
□ 新しいおうちからあそびにきたときは、いつでも温かく迎えます。

### 2．保護者の皆さん、里親の皆さんへ
□ 私たちは、「乳児院倫理綱領」と、それぞれの乳児院が定める規範などを意識し、子どもたち一人ひとりをか
　けがえのない存在として、愛情をもって接します。
□ 皆さんと子どもたちを、いつでも温かくお迎えします。
　　＊乳児院での生活など、分かりやすく説明します。
□ 皆さんとともに子どもたちの成長を喜び、見守り、養育について考え続けます。

### 3．仲間どうしで
□ 互いに補いあい、子どもたちが穏やかに過ごせる環境づくりに努めます。
　　＊養育のこと、子どもとの関わりのこと、一人で悩まずに、仲間に相談します。
□ 互いに学びあう姿勢を心がけます。
　　＊チームワークを大切にします。
□ 自己研鑽、職場内（外）研修で、より一層の向上をめざします。

平成 21 年 2 月 27 日（平成 26 年 5 月 12 日改正）
社会福祉法人　全国社会福祉協議会・全国乳児福祉協議会

出典：全国乳児福祉協議会「より適切なかかわりをするためのチェックポイント」
（https://nyujiin.gr.jp/cms/wp-content/uploads/2019/02/checkpoint-1.pdf、2020 年 11 月 25 日閲覧）

第4節　地域型保育における乳児保育

　地域型保育とは、保育所（原則20人以上）より少人数の単位で保育の必要性の認定を受けた3歳未満児を対象とした保育です。地域型保育には、表4-7にあるように小規模保育、家庭的保育、事業所内保育、居宅訪問型保育の4種類があります。また、これらの地域型保育には3歳以降の保育として、保育内容の支援や卒園後の受け皿の機能を担う連携施設（保育所、幼稚園、認定こども園）が設定されています。

## （1）小規模保育とは

　小規模保育は、表4-7にあるように定員を6〜19人としている少人数を対象とした保育です。また、小規模保育は表4-8のように3つの形態があり、A型は保育所分園、ミニ保育所に近い類型、B型は中間型、C型は家庭的保育（グループ型小規模保育）に近い類型となっています。資格については、必ずしも全員が有資格者でなければならないということではありません。C型にある家庭的保育者とは、都道府県が行う研修を修了した保育士、保育士と同等以上の知識および経験を有すると都道府県知事が認める者とされています。

　小規模保育の特徴は、保育所よりも少人数であるので、より家庭的な雰囲気のなかで保育を行うことができます。そのため、一人一人の子どもの生活を尊重することができ、家庭に近い環境のなかで、保育者と子どもの間でアタッチメントが形成されるようなかかわ

表4-7　地域型保育の4つのタイプ

| 事業類型 | 事業主体 | 保育実施場所など | 認可定員 |
|---|---|---|---|
| 小規模保育 | 市町村・民間事業社など | 保育者の居宅、その他の場所、施設 | 6〜19人 |
| 家庭的保育 | 市町村・民間事業社など | 保育者の居宅、その他の場所、施設 | 1〜5人 |
| 事業所内保育 | 事業主など | 事業所の従業員の子ども＋地域の保育を必要とする子ども（地域枠） | |
| 居宅訪問型保育 | 市町村・民間事業社など | 保育を必要とする子どもの居宅 | |

表4-8　小規模保育園の3つの類型

| 事業類型 | | 職員数 | 職員資格 | 保育室等 | 給食 |
|---|---|---|---|---|---|
| 小規模保育 | A型 | 保育所の配置基準＋1名 | 保育士 | 0・1歳児：1人当たり3.3㎡ 2歳児：1人当たり1.98㎡ | ・自園調理（連携施設等からの搬入可）・調理設備・調理員 |
| | B型 | 保育所の配置基準＋1名 | 1/2以上が保育士 ＊保育士以外は研修を実施 | | |
| | C型 | 0〜2歳児 3：1（補助者を置く場合、5：2） | 家庭的保育者 | 0〜2歳児：1人当たり3.3㎡ | |

出典：内閣府・文部科学省・厚生労働省「子ども・子育て支援新制度ハンドブック（施設・事業者向け）（平成27年7月改訂版）」2015年、pp. 11-12より筆者作成
（https://www8.cao.go.jp/shoushi/shinseido/faq/pdf/jigyousya/handbook.pdf、2020年12月21日閲覧）

りを大切にしています。また、園によっては医療的ケアを必要としている乳児を積極的に受け入れる園もあります。

## （2）家庭的保育とは

　家庭的保育は、表 4-7 にあるように小規模保育より定員が 1 ～ 5 人と少なく、より家庭的で、きめ細やかな保育が可能となります。1 人の家庭的保育者が子ども 3 人まで保育することができ、家庭的保育補助者とともに保育する場合は、子ども 5 人まで保育することができます。このように、子どもが 3 人以下の場合は家庭的保育者 1 人で保育することができますが、安全や安心、ゆとりのある保育をするために、多くの家庭的保育者は家庭的保育補助者と共に複数で保育をしています。

　家庭的保育では、表 4-9 にあるように家庭的保育者が安心して保育に臨むことができるように、「家庭的保育の安全ガイドライン」を策定しています。1 対 1 で細やかな対応ができる家庭的保育ではありますが、他の保育者や職員のいない場での保育になるため、家庭的保育者にはより高い倫理観が求められます。また、子どもにとってより良い保育となるように意識を高く持つ必要もあります。

### 表 4-9　家庭的保育の安全ガイドライン　基本的事項

1．家庭的保育における保育上のリスクや安全確保のための取り組みを共有し、家庭的保育者が安心して保育に臨むことができるように、家庭的保育者が遵守すべき「家庭的保育の安全ガイドライン」を策定し、家庭的保育を安全で安心できる保育として確立することを目的とする。各家庭的保育室独自の安全ガイドライン（指針・マニュアル）を作成し、職員全員がその内容を共有しておく必要がある。
2．家庭的保育者には子どもたちの尊い命を守り、その健やかな成長・発達を支える使命がある。そのために必要とされる安全対策を講じたうえで、子どもの発達を支援するにふさわしい保育環境を整備する。
3．子どもの健康を増進し、さまざまなリスクを軽減するために、家庭（保護者）との連携・協働は欠かせない。保護者の信頼に応えるとともに、保護者とともに子どもを健康かつ安全に育てていく。
4．子どもの安全を確保するため、日頃から地域との連携を重視し、いざという時に協力を得られる関係を築いておく。
5．子どもの健康と安全を確保するうえでは、子どもや家族の個人情報を収集し、把握しておく必要がある。その際、個人情報の保護や情報管理に十分に配慮し、漏らすことがないようにしなければならない。
6．リスクを排除し、被害を最小限に留めるために、あらゆる場面を想定し、その対応を検討しておくことが必要である。
7．事故防止、状況の判断、その都度の適切な対応を行うのは保育者である。その基本として、保育者自らが心身共に健康であることが不可欠である。
8．保育者がどのような安全対策を講じ、備えているかを可視化するために文書化（記録）は欠かせない。記録の重要性を認識し、平常時から記録をつけることを習慣化する。

出典：NPO 法人 家庭的保育全国連絡協議会「家庭的保育の安全ガイドライン［改訂版］」2019 年、p. 1
(http://www.familyhoiku.org/publish/2019.3guidline.pdf、2020 年 11 月 25 日閲覧)

# 発　達　表

- 生後 0 か月〜 2 歳後半までの発達を一覧にしています。発達には個人差がありますので、皆同じではありません。発達表を参考にしながら、目の前の子どもをしっかり見ましょう。

- それぞれの援助例を示していますが、この限りではありません。その子どもに合った援助方法を検討してください。

- 各月齢の身長体重は、2010（平成 22）年度に厚生労働省が調査した「一般調査及び病院調査による乳幼児発育値」の男女平均値を表したものです。

# ０か月

| 0か月 | 体 | 身長：48.5cm　体重：2.9kg<br>生まれた日：生後0日<br>新生児：生後28日未満<br>出生後、一時的に4〜5％の「生理的体重減少」が見られるが、10日程で出生体重に戻る。 |
|---|---|---|
| | 運動 | 原始反射（モロー反射、吸啜反射、口唇探索反射、把握反射など）が見られる。 |
| | 援助 | 首がすわるまでは仰向けの姿勢が自然であるため、無理に腹ばいにしない。<br>また抱っこの際も頭から首から胴にかけて支える。<br>自分の思い通りに体を動かすことはできないため、掛け布団での窒息など思わぬ事故がおこらないよう注意する。<br>体温調節機能が未発達であるため、衣服の着脱や室温などに気をつけ調節する。 |
| | 言葉 | 新生児微笑（生理的微笑）が見られる。<br>音に反応する。<br>声を出す。 |
| | 援助 | そっと見守り、必要な時に優しく声をかける。 |
| | 遊び | |
| | 援助 | |
| 生活 | 食事 | 授乳期（0〜4か月頃）<br>母乳もしくはミルクを、抱かれて授乳される。 |
| | 午睡 | 一日のほとんどを眠って過ごす。<br>※生後28日未満は、一日16時間前後眠る。 |
| | 排泄 | 新生児の便はゆるい（大人でいうと下痢のような水っぽい状態が普通）。<br>※便を作る腸が未発達であること、水分を吸収する機能がまだ弱い為、回数も頻繁で、一日に10〜20回ぐらい出る（個人差あり）。 |

# １か月

| | | |
|---|---|---|
| 体 | | 身長：55.0 cm　体重：4.6 kg |
| 運動 | | 顔の向きをかえる。<br>手足をバタバタと動かすようになる。<br>体を反らせる。<br>仰向けで左右非対称な姿勢と動きをする。<br>手にふれたものをしばらく握る。 |
| 援助 | | 手足を動かしやすい衣類を着せる。 |
| 言葉 | | 快・不快を泣いて知らせる。 |
| 援助 | | 泣き声が聞こえたら、安心するような声をかける。 |
| 遊び | | 近くで話しかけられると、相手の顔をじっと見たりする。 |
| 援助 | | 顔が見えるようにして、優しくゆっくり話しかける。<br>モビールなどの吊るし遊具を用意する。 |
| 生活 | 食事 | ミルクの量・回数は、生活リズムなども含めて個人差があるため、一人一人に合わせるようにする。 |
| | 午睡 | 昼と夜の区別が徐々につきはじめる。 |
| | 排泄 | 排尿・排便の汚れを不快と感じる。 |
| | 援助のポイント | 【授乳時の注意点】<br>保育者・子どもがゆったりできる環境で行うこと。<br>静かな部屋で、保育者が授乳しやすい姿勢を心がけること。<br>同じ姿勢が続くため、保育者も子ども自身もリラックスできるような姿勢が好ましい。<br>※授乳後の排気（ゲップ）は、背中を撫でさするように行う。 |

# 2 か 月

| | | |
|---|---|---|
| 体 | | 身長：58.4 cm　体重：5.6kg<br>視力は、0.01〜0.02 程度見える。 |
| 運動 | | 自分の手に気付き、手をじっと見る「ハンドリガード」が始まる。<br>目の前の動くものを目で追いかける「追視」がみられる。 |
| 援助 | | 子どもの様子を見守り、必要に応じて声をかける。 |
| 言葉 | | 泣き声以外の静かな音声（クーイング）が出るようになる。 |
| 援助 | | クーイングを認め、「おはなし上手ね！」等と声をかける。 |
| 遊び | | 機嫌のよい時にクーイングをして音を楽しむ。<br>指しゃぶりをする。 |
| 援助 | | 子どもの声をまねしてコミュニケーションをとる。 |
| 生活 | 食事 | 味覚が芽生え始める。 |
| | 午睡 | 【午睡中の見守りの注意】<br>室内の温度や室温に注意し、快適に過ごせるようにする。また乳幼児突然死症候群（SIDS）にも気を付け、子どもの眠っている姿勢や呼吸から目を離さないようにする。<br>※乳幼児突然死症候群（SIDS）…健康状態の乳児が突然死亡してしまう病気。<br>原因は不明だが、主として睡眠中に発症することが多い。 |
| | 排泄 | おむつ交換をしてもらうことで徐々に快を感じ取るようになる。 |

| 体 | 身長：61.3cm　体重：6.4kg<br>首が座るようになる。 |
|---|---|
| 運動 | 首がすわると顔の向きをかえて周りを見る。<br>まわりにあるものやおもちゃをつかもうとし、うまくつかめることもある。<br>両手を目の前で組み合わせるようになる。 |
| 援助 | 手に持ちやすいおもちゃを用意する。<br>首がすわるまでは仰向けの姿勢が自然であるため、無理に腹ばいにしない。<br>体を自由にできるような空間を確保し、目を見て話しかけたり、あやしたりして、子どもが快を感じるようにする。 |
| 言葉 | 声を出して笑う。<br>喃語が出始める。<br>社会的微笑が見られるようになる。 |
| 援助 | 子どもが声を出したら応答する。<br>機嫌の良い時に、絵本を見せる。 |
| 遊び | ガラガラなど音のするおもちゃを握らせるようにすると、少しの間振る。<br>うつ伏せの姿勢にすると、胸を床から少し浮かしながら頭を持ち上げる。<br>保育者の微笑に微笑み返す。 |
| 援助 | 握りやすい大きさのもの（ガラガラ）を用意する。<br>うつ伏せ姿勢にするときは、様子を見ながら仰向けに戻す。<br>優しく微笑みかけ、子どもの反応をみて再度微笑むなど応答する。 |

| 生活 | 食事 | 視線が合うことも増えてくるため、保育者は、授乳中も視線を合わせて声をかけるようにする。 |
|---|---|---|
| | 午睡 | 3回寝になってくる（徐々に朝寝・昼寝・夕寝の3回の昼寝になる）。 |
| | 排泄 | 【交換時の注意点】<br>引っ張るように足を持ち上げると、脱臼の恐れがあるため気を付けること。<br>足を持つ時は、そっとやさしく、関節の動きを妨げないように援助する。 |

# ４か月

| | | |
|---|---|---|
| 体 | | 身長：63.6cm　体重：7.0kg<br>突発性発疹等生まれて初めての熱を出すようになる。 |
| 運動 | | 手の動きも器用になり、目に映ったものに興味を持って手を伸ばそうとする。<br>腹ばいの姿勢にすると、前に手をついて首をもちあげようとする。<br>手足を動かしているうちに寝返りを打とうと体をよじることがある。<br>仰向けで左右対称の動きをする。 |
| 援助 | | 安全なおもちゃを用意し、自発的に手を伸ばそうとする様子を見守る。<br>手を伸ばして届くくらいのところにおもちゃを置いたり、見えるように動かしたりする。 |
| 言葉 | | 視界に人が見えると、微笑み声を出す。 |
| 援助 | | 目が合うと、微笑み声をかける。 |
| 遊び | | 胸の前（正中線上）で両手を絡ませる。<br>手やおもちゃを口にもっていき、なめたりしゃぶったりする。 |
| 援助 | | 自分の手を見つめることや両手を合わせる等して遊んでいる時は、そっと見守り、いつもでもかかわることができるようにする。 |
| 生活 | 食事 | スプーンに慣れる。 |
| | 午睡 | 昼夜を区別して睡眠のリズムがついてくる。 |
| | 排泄 | 排尿感覚が短く、不定期である。 |

左欄：４か月

| 体 | | 身長：65.5 cm　体重：7.4 kg |
|---|---|---|
| 運動 | | 寝返りをする。<br>うつ伏せ姿勢を保ち、腕の力で上体を支え顔をあげる。 |
| 援助 | | 機嫌のよい時に周りのみえるマット等に寝かせ、<br>周りからの刺激を感じる機会をもつ。<br>安全かつ安心感のあるなかで人やものに興味を持てるようにする。<br>寝返りをはじめた場合、可動できる安全な空間を確保する。<br>腕がひっかかることや、途中で動けず泣いて伝えることもあるため、<br>状況に合わせて元に戻したり、お尻や足を少し支えたりする。 |
| 言葉 | | 音がする方向を見て反応する。 |
| 援助 | | 音のするおもちゃ等を鳴らしたり、声をかける。 |
| 遊び | | 自ら体を反転させて寝返りをする。<br>うつ伏せ姿勢の時に腕で上体を上げ支える。<br>仰向け姿勢の時に自分の足をつかんだり、両手を使ってボール等をつかんだりする。 |
| 援助 | | 寝返りをし始める頃は、足が交差して横向きになった状態でお尻を少し押すようにして助ける。<br>つかみやすい素材のものを用意する。 |
| 生活 | 食事 | トロトロの食感を経験するため、ヨーグルトやリンゴのすりおろしなどを１さじから食べさせ始め、少しずつ増やしていく。<br>視線が合うことも増えてくるため、保育者は、授乳中も視線を合わせて声をかけるようにする。 |
| | 午睡 | 抱っこで眠る。<br>寝返りをし始める頃なので、窒息等に気をつける。 |
| | 衛生面の注意点 | 身体機能が未熟で抵抗力も弱く感染症にかかりやすいため消毒をこまめに行うなど、衛生面にはとくに注意が必要である。 |

# 6 か 月

| | | |
|---|---|---|
| 体 | | 身長：67.2 cm　体重：7.8 kg |
| 運動 | | 視界に入ったものをつかもうとし、手に届くものをつかむ。<br>支えると座れるようになる。<br>うつ伏せの姿勢で、旋回できるようになる。 |
| 援助 | | 床にマット等を敷き、安全を確保する。<br>片手でつかみやすい大きさや柔らかさのものを選んで、視界に入るように置いたり、見せたりする。 |
| 言葉 | | 声のする方向に顔を向ける。<br>喃語のバリエーションが増え、機嫌の良い時には笑顔で発声するようになる。 |
| 援助 | | 喃語で話しかけてくる時には、笑顔で応答する。<br>子どもの興味に応じて、絵本やおもちゃを提供する。 |
| 遊び | | 興味のあるものに手を伸ばしてつかむ。<br>話しかけたり歌ったりすると保育者の口元をじっと見る。<br>いないいないばあを楽しむ。 |
| 援助 | | 子どもの視線の先に興味のあるものを置き、言葉をかける。<br>子どもの正面から話しかけたり、ほほえみかけたりして体に触れながらコミュニケーションをとる。<br>心地よい音が出るものや動きのあるもの、チェーンやガラガラなど手のひら全体でつかみやすいおもちゃを準備する。<br>いないいないばあをくり返し楽しめるようにする（わらべうた：チョチ　チョチ、こっちのたんぽ）。 |
| 生活 | 食事 | 離乳前期・ゴックン期（離乳食1回）　→　トロトロの形状<br>トロトロ状のものをゴックンと飲み込む練習をする時期。<br>1日1回授乳の前に、つぶしがゆを1さじ食べるところから開始し、徐々に量を増やしていく。 |
| | 午睡 | 昼間の眠りが浅くなってくる。 |
| | 排泄 | おむつ交換をしてもらう際、足をあげる動作がみられたり寝返りを打とうとする。 |

50

# ７か月

| | | |
|---|---|---|
| 体 | | 身長：68.6 cm　体重：8.0kg |

| 運動 | 腹ばいで左右に回る。→　前後にずりばいができる。<br>うつ伏せから腰を上げる。<br>手の操作が活発になる。<br>手のひらで握ることができ、左右の手に別のものをつかむこともある。 |
|---|---|
| 援助 | 前方に興味のある玩具をおいたり、呼びかけて動きを誘ったりする。<br>保育者の手のひらで足の裏をそっと固定して、蹴りを支える。<br>行動範囲が広がるため、安全と衛生に留意する。 |
| 言葉 | 喃語の種類が増え、他者とコミュニケーションを取ろうとする。<br>三項関係が成立し、指差しが見られるようになる。<br>他者と同じものに注意を向ける（共同注意・ジョイントアテンション）ようになる。 |
| 援助 | 子どもが喃語を発した時には、顔を見て応答する。<br>スキンシップを大切にし、子どもの興味に共感する。 |
| 遊び | 腹ばい姿勢で壁面遊具に手を伸ばし、つかんだりひっぱったりする。<br>保育者の顔をみつけてほほえむ。<br>名前を呼ばれると反応する。 |
| 援助 | 手を伸ばしたら届く位置に壁面遊具をつけ、視界の広がりや、つかむ、ひっぱる、腕を上げる行為を引き出す。<br>子どもの視線に注目し、子どもが保育者に気づき顔を見ている時は、優しく言葉をかけたりほほえみかけて共感する。 |

| 生活 | 食事 | 離乳中期・モグモグ期（離乳食2回）　→　舌で潰せる程度の固さ<br>豆腐状やつぶつぶ状のものを舌でつぶしてモグモグと食べる時期。<br>1日2回授乳の前に離乳食を食べる。<br>☆ポイント：食べることに意欲を持ち始める。 |
|---|---|---|
| | 午睡 | 夜泣きが始まる。 |
| | 排泄 | 便に形が出始める。 |

# ８か月

| | | |
|---|---|---|
| 体 | | 身長：69.9 cm　体重：8.3 kg |
| 運動 | | ずりばいをし、四つばいへの移行もみられる。<br>支えなしで座るようになる。<br>両手を使ってあそべる。 |
| 援助 | | ハイハイをする子どもに見える位置で保育者が呼びかける。<br>子どもの「やってみたい」という思いや自分でできたという満足感を支える。<br>安定したおすわりができるまで周囲の安全に目を配り、自力でおすわりができるようになっても、体を支えられるようクッションなどを用意する。 |
| 言葉 | | 人見知り（８か月不安）が始まり、泣いて不安や戸惑いを表現する。<br>指差しが見られるようになり、"自分―もの―相手"の三項関係が成立するようになる。 |
| 援助 | | 信頼関係のある保育者が寄り添う。<br>子どもが指を差したら、共感しその気持ちに応える。<br>子どもが伝えようとしていることを言葉にする。 |
| 遊び | | 座ったまま両手を自由に使って遊ぶ（おすわりの姿勢で遊ぶ）。<br>両手でおもちゃを持ち、なめる、かむ、しゃぶるなどして素材の感触を確かめる。<br>ずりばいで移動し、探索する。<br>届かない位置にある遊具に興味を示す。 |
| 援助 | | おすわりの姿勢が安定するまでは、ロールクッション等で背中側から体を支えられるようにする。<br>無理しておすわりの姿勢で遊ぶことがないよう、子どもの様子をみながら姿勢変換するようにする。<br>手で持ちかえられるようなものや、つまむ、ひっぱる、出すなどの探索行為がみられるようなものを準備する。 |
| 生活 | 食事 | 上下の唇で食べ物を挟み取り、食べる。 |
| | 午睡 | 午睡は、午前・午後・夕方の３回になる。 |
| | 排泄 | おむつ交換時、足をあげようとする。 |

（左欄：８か月）

| 体 | | 身長：71.1 cm　体重：8.5 kg |
|---|---|---|
| | 運動 | 四つばいや高ばいなどのハイハイで移動する。<br>ものを手から手へ持ちかえる。<br>バランスをとりながらつま先立ちをしようとするなど平衡感覚の発達がみられる。<br>転がしてもらったボールを転がそうとする。 |
| | 援助 | ハイハイでの移動を存分に楽しめるよう、坂上りやトンネルくぐりなど遊びを工夫する。<br>目的となるものを置いたり、ボールを弾ませたり転がしたりするなど動くものを用いて、体を動かしたくなるようにする。<br>ハイハイで動くスピードがはやくなっているため、衝突などがないよう、行動範囲の予測を十分行い安全を確保する。 |
| | 言葉 | 身近な大人に自分の意思や欲求を指差しや身振りで伝えようとする。<br>「パパパ」や「ママ」等連続子音等、言葉に近い発声が出るようになる。<br>大人が「いないいない」と言うと、両手で顔を隠したり、「バイバイ」と言うと手を振る。 |
| | 援助 | 子どもの仕草や表情、指差しや身振りを認めその状況に応じた声を掛ける。<br>「おはなし上手ね！」等、発声を認める声をかける。 |
| | 遊び | ハイハイで階段ののぼりおりをしたりクッションをこえたりする。<br>ハイハイで目的のところまで移動する。<br>ボールを追いかける。<br>片方の手に持っているおもちゃをもう片方の手に持ちかえる。<br>保育者の表情を区別し、表情をまねる。<br>ものを介して保育者とのやりとりを楽しむ。<br>布で隠したものの「ある」「ない」を理解し、探そうとする。 |
| | 援助 | ハイハイで段差やロールクッション等をこえる遊びに誘い、全身の平衡感覚を育てる。<br>「おいで」と子どもの正面から言葉と行為で呼びかけたり、ボールを転がして追う遊びなどを通して、はう経験が十分にできるようにする。<br>人見知りが始まる時期のため、ゆったりとした気持ちで向き合い、安心できるようにする。<br>布や手の中にものを隠し、「どっち」のやりとりをくり返し行う（わらべうた：おてぶし　てぶし）。 |
| 生活 | 食事 | 口に入れてもらった食べ物をとりこもうとする。<br>コップを使い始める。<br>保育者が手を添えて手伝いながら飲むことに慣れていく。 |
| | 午睡 | 午睡が午前と午後の2回になる。 |
| | 着脱 | 自分でも手足を動かして、保育者と一緒に着脱しようとする。 |

# 10 か 月

| | | |
|---|---|---|
| 体 | | 身長：72.1 cm　体重：8.6 kg |
| 運動 | | 高ばいをする。→　棚や壁などをもちいてつかまり立ちをしたり、しゃがんだりする。<br>左右の手を連動させて使えるようになってくる。<br>積み木同士をぶつけるなどおもちゃをうち合わせることができる。 |
| 援助 | | つかまりやすい高さのものを配置する。<br>転倒に気をつけ、周囲の安全を確認する。 |
| 言葉 | | 「バイバイ」等、簡単な言葉と動作が一致するようになる。<br>名前を呼ばれると振り向いたり、友達の名前が聞こえるとその友達を指差したりする。 |
| 援助 | | 簡単な言葉と動作が一致するよう、保育者も一緒に繰り返し行う。<br>子どもの行動を言葉にし、思いを代弁する。<br>動物など身近なものの写真を壁に貼ったり、絵本を見せて発語や指差しを促す。 |
| 遊び | | 棚や壁などにつかまり立ちし、棚の上のものや壁面遊具を触る。<br>壁面遊具など目の高さで遊ぶ。<br>自らいないいないばあをする。<br>指差しを通して保育者とのやりとりを楽しむ。<br>バイバイと手を振る。<br>鏡の中の自分を見つけ、話しかける。 |
| 援助 | | つかまり立ちができるような高さのものを準備する。<br>壁面遊具など触りたくなるようなものを置き、つかまり立ちの姿勢が保持されるようにする。<br>つかまり立ちで遊んでいる時に、転倒する可能性があることを予測し、支えられる位置に座ったり姿勢変換の援助をしたりする。<br>子どもが指差しているもの、ことを言葉にして共有する。 |
| 生活 | 食事 | **離乳後期・カミカミ期（離乳食3回）**　→　歯ぐきでつぶせる固さ<br>☆ポイント：手づかみ食べが始まる。 |
| | 午睡 | （昼・夜）2回寝になる。<br>※決まった時間に眠るようになってくる。 |

（左欄：10 か 月）

| | | |
|---|---|---|
| **体** | 身長：73.1cm　体重：8.8kg | |
| **運動** | 伝い歩きをする。<br>重心の移動ができるようになる。<br>数秒1人で立つことがある。<br>棚にあるものを出したり、ティッシュペーパーを箱から引っ張りだすなど、ものを出すことやつまむこと、引っ張ることなどができる。 | |
| **援助** | つかまりやすい高さやしかけなどを用意する。<br>立った高さに壁面遊具を調節したり、興味を持つものを配置したりする。<br>中から出すことはできるが元に戻すことはまだできないので、元に戻して繰り返し楽しめるようにする。 | |
| **言葉** | 喃語で相手とのコミュニケーションをとろうとする。<br>指差しが盛んになり、指を差して意思を伝えようし、<br>その際声が出ることもある。<br>大人の言うことを理解し、簡単な指示行動ができる。 | |
| **援助** | 笑顔で喃語を受け止め、応答しながら言葉を引き出すようにする。<br>保育者の声かけで行動しようとするので、早めに指示を出しその様子を見守る。 | |
| **遊び** | 伝い歩きで立った姿勢のまま遊具に触れる。<br>重心移動して箱の中に入る。<br>ハイハイでトンネルをくぐる。<br>ボウルなどの容器の中のもの（布やチェーンなど）を出す。<br>「はい、どうぞ」「ちょうだい」のやりとりを楽しむ。 | |
| **援助** | つかまり立ちで腕を伸ばすと届く位置やしゃがむと触れられる位置に興味のあるものを置き、立つ、しゃがむ行為を十分に経験できるようにする。<br>伝い歩きをして目的のところへ到達した時に、言葉や表情で喜びを共感し次への意欲につなげる。<br>子どもが中に入ることができる大きさの箱を準備する。<br>さまざまな容器と中に入れるものを準備し、「出す」行為やものの性質を知る経験ができるようにする。 | |
| **生活** | **食事** | 手づかみで食べる。 |
| | **排泄** | おむつ交換時に次に援助されることの見通しがたつようになる。 |

11
か
月

# 1歳前半

| | | |
|---|---|---|
| 体 | | 身長：77.1cm　体重：9.5kg<br>※1歳3か月～4か月の平均 |

| | |
|---|---|
| 運動 | つかまらずにひとりで立ち上がり、ひとり立ちする。座りながら向きをかえる。<br>手を支えてもらうと歩き出す。→　ひとりで歩く。→　箱などを両手で押して歩く。玩具をもって歩く。<br>後ろを振り返りながら歩く。→　腰を下ろす。→　つま先立ちをする。股のぞきをする。<br>握力が発達する。ボールを両手に持って投げるようになってくる。<br>指を開いて積み木を3個程度積めるようになる。道具を用いて容器や鍋に砂を入れる。<br>左右の手を協調して動かす。 |
| 援助 | 転倒などに注意し、近くで見守ったり、手をつないだりする。<br>体を動かす楽しさを十分味わえるように、安全な場所を確保する。<br>手指を使って遊ぶ玩具は持ちやすい大きさを考え、感触にも工夫し、興味が持てるようにする。<br>室内で用いるボールより室外では大きめのボールを用いるなど、体を大きく動かすことを楽しめるようにする。 |
| 言葉 | 初語（初めての意味のある言葉）や一語文が出現する。<br>大人の言葉を理解し、友達の名前を聞くと指差しで応える。<br>言葉と数が一致し、「もう1回」「もう1つ」と言うようになる。<br>自分なりの言葉を記号として用いる象徴機能が表われる。<br>30～50語くらいを獲得する。 |
| 援助 | 子どもの興味のあることを、一緒に楽しみながらその時々に必要な声をかける。<br>子どもの発語を受け止め、応答する。 |

| | |
|---|---|
| 遊び | 押し箱を押して歩く。<br>押し箱を押す、引く。<br>一人歩きを始め、歩くことを楽しむ。<br>不安定なマットの上を歩く。<br>シュシュを足や腕に通し、自分の体を知る。<br>入れたり出したりをくりかえす。<br>積み木を打ち合わせる。<br>積み木を数個積む。<br>人形に愛着をもち、人形を布団に寝かせ布をかける。<br>コップを口元に持っていき、飲む真似をするなど、再現遊びをする。 |
| 援助 | 歩く楽しさを言葉や仕草で共感し、歩く意欲を高める。<br>床に落ちているもので転ばないよう環境を整える。<br>押し箱や引き遊具、不安定なマットの上を歩くことや、わらべうたに合わせて歩くなど、バランス感覚を育てる遊びに誘う。<br>人形を優しく抱っこしたり寝かせたりと、丁寧に扱う姿を示し、愛着をもって扱う姿につなげる。<br>「食べる」「飲む」真似など、簡単な仕草や会話を楽しめるようにする。 |

| 1歳前半 | 生活 | 食事 | **離乳完了期・パクパク期（離乳食3回）　→　歯ぐきでかめる固さ**<br>椅子に座って食べるようになる。<br>（スプーンを使って）自分で食べようとする。<br>☆ポイント：子ども用・保育者の援助用の2本のスプーンを用意する。 |
|---|---|---|---|
| | | 午睡 | 1歳3か月頃～午睡が1回になってくる。 |
| | | 排泄 | 排尿にリズムが出始める。<br>☆ポイント：トイレに徐々に慣れていく。 |

| 体 | 身長：81.8 cm　体重：10.5 kg<br>※１歳８か月〜９か月の平均 |
|---|---|
| 運動 | 小走りや後ずさりをする。<br>低めの段からとびおりる。<br>ボールを片手で持って投げるようになってくる。<br>つまんだりめくったりする。<br>歩行が安定し足腰が支えられるようになると三輪車にまたがり、<br>足でけって進むようになる。<br>障害物をまたぐ。 |
| 援助 | バランスを崩すなどの転倒に注意する。<br>安全を確保しながら足元からのさまざまな感覚を楽しめるようにする。 |
| 言葉 | 簡単な単語が使えるようになる。<br>200〜300 語くらいを獲得する。<br>自分のことを「○○ちゃん」等と呼ぶようになる。<br>「ジブンデ」と言いながら、自分で何かをしようとする。<br>鏡像認識ができるようになる。 |
| 援助 | 子どもの発語に笑顔で応え、言葉を引き出すようにする。<br>自分で何かをしようとした時には、その意欲を尊重し待つようにする。 |
| 遊び | 台の上など高いところに登ろうとする。<br>歌のリズムに合わせて歩く。<br>わらべうたなど体に触れる遊びをする。<br>積み木を耳にあてて電話をする仕草をする等、見立て遊びをする。<br>ぬいぐるみや人形を抱いたり、ミルクをあげたりする等、お世話遊びをする。<br>集めたおもちゃをカバンに入れて持ち歩く。<br>お気に入りの絵本を何度も読んでもらう。 |
| 援助 | 膝のせ遊びや歌に合わせて揺れる、歩くことなど、リズムに合わせて体を動かす楽しさを感じる遊びに誘う。<br>見立てられるようなシンプルな形のものを準備し、子どもが経験とつなげてイメージし表現しているものを言葉にする。<br>おでかけ遊びをする時に、「いってらっしゃい」「おかえり」など簡単なやりとりをしながらイメージが広がるようにする。 |

| 生活 | 食事 | 食事に見通しがたつ。 |
|---|---|---|
| | 午睡 | １回寝。就寝のリズムが一定になる。 |
| | 排泄 | 尿意をしぐさ等で知らせる。→　おむつが濡れると知らせる。<br>☆ポイント：排尿間隔が長くなってくる（２時間前後）。 |
| | 着脱 | 自分で着替えようとする。 |

# 2歳前半

| 体 | 身長：86.1 cm　体重：11.7 kg |
|---|---|
| 運動 | 歩行が安定する。足の筋力がつき、両足で連続ジャンプができるようになる。つま先立ちで歩く。<br>手すりを利用して1段ずつ階段をのぼりおりする。屈伸運動や腕の曲げ伸ばしのある運動ができる。<br>大きめのボタンを留めたり、スナップボタンをはめたりする。<br>積み木を横に並べたり、高さをかえて積んだりといった異なる操作ができる（積むのは6個程度）。<br>つなげることやひねることができる。<br>シールをつまんではがす。 |
| 援助 | 安全確保をし、子どもの動きに注意しながら保育者もいっしょに行う。 |
| 言葉 | 「ワンワン、いた」等の2語文が出る。<br>友達とのいざこざも見られるようになる。<br>自分の名前が言えるようになる。<br>語彙爆発（1歳半〜2歳位）の時期を迎える。 |
| 援助 | 子どもの発話に耳を傾け、共感する。<br>子どもの言葉が出るような質問をする。 |
| 遊び | 保育者と追いかけっこをする。<br>ボールを頭の上から投げる。<br>友達の名前を覚えて呼ぶ。<br>わらべうたや手遊びなど、覚えた歌を口ずさんだり、人形に向けて歌ったりする。<br>指先の力を調整し、スナップボタンはめやファスナーの上げ下げをする。<br>積み木を高く積む。<br>型おとしをする。<br>なぐり描きをする。 |
| 援助 | 走る、ジャンプする、くぐる、のぼるなど、さまざまな体の使い方を経験する遊びに誘う。<br>ものを介してのやりとりやふれ合い遊びなど、友達と一緒に遊ぶことの楽しさを感じられるようにする。<br>集中して積み木を積むことができるように場所や時間を保障する。<br>机上遊具、壁面遊具、遊び用の服などを用意し、衣服の着脱につながるボタンやファスナーを使う遊びができる環境を整える。<br>さまざまな手指の動きを経験し、指先の力を調整しながら遊ぶものを用意し、遊び方のモデルを示して、子どもが興味をもてるようにする。 |

| 生活 | 食事 | スプーン・フォークで食べる。　→　箸を使い始める。<br>※よく噛んで食べられるよう保育者は配慮する。<br>好みが出てきて、好き嫌いがでてくる。 |
|---|---|---|
| | 午睡 | 自分で午睡に向かうようになる。 |
| | 排泄 | 排泄をしたことを保育者に知らせる。<br>☆ポイント：おむつからパンツへ移行していく。 |
| | 着脱 | 援助されながら自分で着替えようとする。 |

自分で○○する
という意欲が高まってくる

# ２歳後半

| 体 | 身長：90.6 cm　体重：12.8 kg |
|---|---|

| 運動 | 体のバランスをとることができ、手や足を片方だけ動かすことができる。<br>片足だけで少し立つ。転ばずに走る。後ろ向きに歩く。<br>斜面をのぼったり降りたりする。友だちと手をつないで歩く。<br>三輪車のペダルをこいで進みはじめる。<br>線にそって歩く。<br>相手に向かってボールを蹴ろうとする。ボールを上手投げすることができるようになる。 |
|---|---|

| 援助 | 昇り降りや、ぶら下がること、跳んだりまたいだりするなど、さまざまな動作に挑戦できるようにする。<br>体のバランス感覚や巧緻性（こうちせい）を獲得できるよう、緩急の動きやボールなどの用具を使う。<br>ボールを用いる時にやりとりしながら、投げたり蹴ったりしたい方向の目標となってみる。 |
|---|---|

| 言葉 | ２〜３語文が出るようになり、言葉で自分の思いを伝えようとする。<br>個人差があるが、単語数が急増し500〜1000語くらいの言葉が出るようになる。<br>「どうして？」「なんで」と、気になったことを多く質問するようになる。 |
|---|---|

| 援助 | 個人差に留意しながら、子どもの思いをくみ取るようにする。<br>子どもの発語に耳を傾け、相槌を打ったり、うなづいたりしながら共感するようにする。<br>子どもの質問には可能な限り答えるようにする。 |
|---|---|

| 遊び | 友達と遊びのイメージを共有し、お世話遊びやごっこ遊びが盛んになる。<br>簡単なルールのある遊びを楽しむ。<br>色の区別やものの長短を認識して遊ぶ。<br>手指をひねる遊びや、ものとものをつなげる遊びをする。<br>パズルやひも通しをする。<br>砂で型抜きをする。 |
|---|---|

| 援助 | ごっこ遊びに必要な道具を準備し、イメージを膨らませながら遊ぶ楽しさや、友達同士でイメージを共有してやりとりする楽しさを感じられるようにする。<br>色や形の違うものを準備し、子どもの気づきから色や形の名称を知らせる。<br>また、「長い」―「短い」、「いっぱい」―「少し」、「大きい」―「小さい」などの長さや量、大きさの比較を言葉にして知らせる。 |
|---|---|

| 生活 | 食事 | 自分のペースで食べる様子を保育者は見守る。<br>※利き手は、箸やスプーンなどの道具の操作方法、反対の手は皿に手を添えることなどを確認する。<br>また食べる姿勢も合わせて見ながら食べやすい環境を整える。 |
|---|---|---|
| | 排泄 | 便器に慣れる。　→　排泄後は、自分で水を流す。<br>排泄後の手洗いをする。 |
| | 着脱 | 自分で着替える。<br>自分で靴を履く。 |

# 第5章

# 0歳児の発育・発達を踏まえた保育

　3歳未満児（以下、乳児と称する）の保育において、保育者は乳児の発達過程を踏まえてかかわっていくことが必要とされます。その上で実際の保育を行っていく内容については、とくに一人一人の保育者の視点やとらえ方が反映されることから、より実際の姿に即した保育を展開するための計画が必要とされます。ここでは、子どもの成長を支え、適切な保育を行っていく視点を考え、さらに乳児にかかわっていく際の基本的な姿勢について学んでいきましょう。

 ## 第1節　乳児保育のねらいと内容の捉え方について

### （1）乳児保育のねらいと内容について

　前章（第1・2章）でも述べた通り「**養護及び教育を一体的に行う保育**」は、保育実践を行う上での大切なキーワードです。より良い保育が行えるよう、子どもの育ちともいえる発達をどのようにとらえていくかという点を押さえておきましょう。乳児の発達を見ていく軸として発達表を目安に考えていくことも大切ですが、当然ながら成長段階は区切って考えるものではなく、一人一人の育ちはつながっています。つまり一人の子どもにおいての「**育ちの連続性**」を忘れてはいけないということです。同じ月齢の乳児であっても、同じ発達をたどることや発達の基準があるわけではないので、一人一人の子どもの育ちを個別でとらえていくことが保育者として求められているのです。

　また、発達を踏まえた保育内容を実践するためには、意図された保育計画をたてることが大切です。そのためには、保育目標・ねらいを土台とした保育内容が展開される必要があります。ねらい・内容の捉え方としては、以下の通りです。

---
・ねらい…保育の目標をより具体化したもの（子どもの生活の姿を通して捉えている）
・内容…ねらいを達成するために状況に応じて保育者が行う援助
---

　保育の目標を達成するために「ねらい」があります。

　そして、そのねらいを達成するために保育の援助という「内容」があるということが基本的なとらえ方です（図5-1参照）。

　図5-1をもとにして、具体的な例をあげて考えてみましょう。

図5-1　「ねらいと内容」についてのイメージ

　0歳児クラスの乳児（0歳8か月Aちゃん）が、ハイハイをし始めている姿を見ている場合、①保育目標を、「ハイハイでたくさん移動し、自ら環境にかかわる」と立てたとします。②ねらいは、「Aちゃんのハイハイを促し、運動機能を高める」や「行動範囲が広がることで、保育室のさまざまな環境にかかわろうとする」とつながり、③保育内容の一例としては、「少し手を伸ばせば届く位置に保育者がいて、音のなる玩具等で声をかけたり、励ます」や「触りたくなるような環境を提供できるよう、保育室内の環境構成を整える」となります。

　しかし、実際の保育の実践では、①保育目標→②ねらい→③保育内容と計画を立てるには難しいことが多く、子どもの実際の姿からその先のねらいや目標という先の見通しをもつ③保育内容→②ねらい→①保育目標へとつながっていくことの方が自然かもしれません。しかし、保育実践をする前に、①保育目標→②ねらい→③保育内容と計画を立て、ねらいや目標を達成できるよう、意図して保育を行っていくことが保育者には求められます。そして③保育内容→②ねらい→①保育目標と振り返るのです。保育者が行うこの計画と実践の繰り返しの毎日のなかで乳児の発達が支えられています。もちろん先にもお伝えした通り、乳児の保育において、月齢が同じであっても発達の道筋やスピードなどの過程に個人差があるという点は忘れてはいけません。十分に考慮しながら一人一人にあわせた援助が必要とされることを覚えておきましょう。保育者の具体的な援助内容・計画については、第9・10章で触れることとして、乳児の保育を行うことは、ただお世話をするのではなく、乳児の発達を踏まえた意図的な働きかけを行う保育者としての専門性が問われるといえるでしょう。

　乳児の発達を見ていく際にはぜひ身近な乳児に触れながら、「この子は何か月の子？」「どんなことができて、どんなことが難しいか？」など、発達表と見比べつつ、具体的にどのような事柄を指しているかイメージが湧く中で見ていけると学びが実践に結び付きやすくなるでしょう。

## （2）乳児保育の3つの視点からの捉え方

　乳児の生活や遊びの場面を通して、子どもを理解するために必要な視点とその中で育つ力は、第1章でも示した以下3点です（表5-1）。

　以下の3点については、乳児にとって大切な「生命の保持」および「情緒の安定」を図るため、保育者が援助していく上でも必要な視点です。乳児を取り巻く身近な人と気持ち

表 5-1　3つの視点と育つ心

| 育つ心 | 3つの視点 |
| --- | --- |
| 健やかに伸び伸びと育つ | ①身体の発達に関する視点 |
| 身近な人と気持ちが通じ合う | ②ヒトとの関わりに関する視点<br>（社会的発達） |
| 身近なものと関わり感性が育つ | ③心の発達に関する視点<br>（精神的発達） |

出典：阿部和子・大方美香編著『乳児保育の理論と実践』光生館、2019 年

を通い合わせ、身近なものを介してさらに周囲の人とかかわる、そうした過程の中で身体的・精神的な成長も遂げられるよう、保育者は乳児を支えていきます（＝**養護面**）。

　さらに5つの領域を通し、乳児期の発達の過程を理解する視点も重要です（①健康、②人間関係、③環境、④言葉、⑤表現）（＝**教育面**）。

　保育中のさまざまな乳児の姿や場面を通して、どのように捉え、乳児の発達の過程を支えていくかその内容をまとめたものが第2章の図2-3（p.16 参照）です。乳児の保育内容を考えていく際、（そばにいる保育者が目の前の乳児に対して）どのように子どもの理解を深めていくかという視点がここには示されています。□で囲まれた3つの視点は、それぞれの5領域に密接に関係していることが分かります。そして、養護と教育の両面から子どもの育ちを見ていく必要があります。食事をしている1歳の乳児に対して「おいしいね」とあたたかな表情で見つめ、心地良い声をかける場面を見ると養護面が育っているだけでは？と思いがちですが、教育面からみていくとすれば、スプーンを口元へもっていくと自分から口をあけて意欲的に食べようとする姿はまさに食育につながる保育者の必要な援助ということができるでしょう。目には見えない育ちの経過をどのように理解し、支えていくか、そこには保育者が乳児の姿を通し、養護・教育両面の育ちを正確に捉えていくことが必要とされます。

 **第2節　0歳児の保育と環境**

　ここからは乳児の発達を見ていく際の3つの視点（①身体の発達に関する視点、②ヒトとの関わりに関する視点［社会的発達］、③心の発達に関する視点［精神的発達］）を踏まえた上で、①身体・運動の発達と②心・言葉の発達として見ていきます。個人差を踏まえつつ、それぞれの月齢における発達過程を理解し、援助を行っていくことが大切です（発達表 p. 43〜59 参照）。

**（1）0〜4か月ごろ**

**1）身体・運動の発達**

　生後 28 日未満の**新生児**（p. 1 参照）は、1日に 16 時間前後眠り、昼夜の区別はほとんど

つきません。1日のほとんどを眠って過ごし、2～3時間ごとの間隔で起きておっぱいを飲み→眠り→おなかがすいてまた起きる、といった繰り返しです。また**原始反射**も活発に見られます（※原始反射…口に入ったり唇に触れたりしたものに対して、吸い付く行為を吸啜反射、手のひらなどに触れると握ろうとする把握反射などがあります）。

　生まれたての新生児がすぐに母親のおっぱいに吸い付くことができるのは、この原始反射が備わっているからです。

　2～3か月を過ぎた頃から少しずつ昼夜を区別して、3回寝へとリズムがついてきます。動くものを目で追う**追視**がみられ、首が座り動く範囲が大きくなってきます（点→線→面の順に追視ができるようになります）。周りからの刺激をキャッチしやすくするため、仰向けの姿勢で過ごすようにしましょう。

　4か月頃から手足を交互にしたり、首を動かしたりとさらに活発に動きます。握ったものを口でなめたり、手でいじる姿もみられるようになってくるでしょう。

### 2）心・言葉の発達

　生後間もないころの**生理的微笑**（浅い眠りのときに微笑んでいるような表情が見られる）もこの原始反射の一つです。3か月頃からは**社会的微笑**が見られるようになってきます。言葉で発信することのできない乳児は、不快な感情は泣いて表現します。そのサインに対して、しっかりと受け止め、言葉にして応答してあげることが大切です。視覚・聴覚は生まれた時から発達しているため、胎内でも母親の声や周囲の会話などは受けとっていると考えられています。

　2か月が過ぎると周囲のさまざまな関心事に対して、**喃語**（アー、ウーなど意味のない声）が盛んになってきます。この頃になると泣き方も意図をもったものに変わり、あやされると全身で喜びを表すようになってきます。

　養育者との**愛着関係**を結ぶ大切な時期でもありますので、乳児からの呼びかけに対して「どうしたの？」「そうだったの？」と、応答的な態度と言葉がけで安心して過ごせるようなかかわりを心がけましょう。

### （2）5～8か月ごろ

### 1）身体・運動の発達

　徐々に首が座ってくるようになると、5か月頃には今度は寝返ろうと体を動かすことが増えます。乳児が上半身を傾けている際には、保育者は下半身を支えながら背中をそっと押すように誘導し、スムーズに寝返りができるよう介助しましょう。うつ伏せの姿勢で過ごすことが増えるようになると、腹筋・背筋の筋力もついてきて、徐々に自力での寝返りが出来るようになります。

　さらに目と手の**協応**が始まり、ほしい玩具が見えると体の向きを変えて手を伸ばしたり、さらに欲しい玩具に向けて自分で移動をして手でつかむこともできるようになってきます。

6か月頃からは、少しの間なら一人で座る姿勢を保てるようになり、それからずり這いでの移動も増えてくるようになります。乳児の視線の先へ好きな玩具を見せ、声をかけながら誘導し、取ろうとする気持ちを引き出してみるのもいいでしょう。

イラスト 5-1　ずり這いする乳児

　食事面では、5か月頃から**離乳食**へ移行をしていきます。離乳食を進めていく過程においては、食べる楽しさを味わう経験が大切です。援助側は、乳児が無理なく食べられる食事量にし、食べるスピードにも気を付けていきましょう。食べものを飲み込むこと、舌触りや味に慣れることは段階的に行い、「食べる事って心地が良いな」と感じるには、周囲の環境にも配慮が必要です。場合によっては食べることを無理強いすることで、食事そのものが苦痛になってしまうこともあるので気を付けましょう。

　食べ方や調理形態などについては、表5-2を参考にしてください。

表 5-2　離乳食について

| 時期<br>(食べ方) | 離乳食初期<br>(ゴックン期) | 離乳食中期<br>(モグモグ期) | 離乳食後期<br>(カミカミ期) | 完了期<br>(パクパク期) |
|---|---|---|---|---|
| 月齢 | 5.6か月 | 7.8か月 | 10〜12か月 | 12〜18か月 |
| 回数 | 1回 | 2回 | 3回 | → |
| 調理形態 | なめらかにすりつぶした状態 | 舌でつぶせる固さのもの | 歯ぐきでつぶせるくらいの固さのもの | 歯茎で噛める固さ |
| 米の固さ | 10倍がゆ<br>(ほぼ形状なし) | 7倍がゆ | 5倍がゆ | 軟飯またはごはん |
| 味付け | なし<br>(だし程度) | 調味料はごく少量 → | | 薄味 |
| 食べ方 | 唇を閉じて、**ゴックン**と飲み込む練習 | **モグモグ**と口を動かして食べ物をつぶして飲み込む練習 | 奥の歯茎を使って食べ物を**カミカミ**と噛む<br>(バナナくらい) | 歯茎でパクパクと噛む<br>(ゆで卵の白身くらい) |
| 介助方法 | 抱っこ食べ(膝の上に抱き、ほぼ保育者が介助用スプーンを使って食べさせる) | 保育者が食べさせることが多いが、自分で食べようという意欲が見られる(手づかみ食べを見守る) | 手づかみで食べる(そばに子ども用スプーンも用意しながら、保育者が介助を行う) | → |
| アドバイス | まずは1さじからスタートする | 味付けが濃くなりすぎないよう注意が必要 | 毎日の食事時間をほぼ同じにする | 手づかみ食べができるものを用意する |

※「食べる量＝適量」などと記載されているものは、赤ちゃんによって個人差があり違うので、保育者が個人差を把握して一人一人に合わせることが必要です。

出典：厚生労働省「授乳・離乳の支援ガイド」2019年
(https://www.mhlw.go.jp/content/11908000/000496257.pdf、2020年12月17日閲覧)
　　　ベネッセ教育情報サイト「らくらく☆にこにこ離乳食」
(https://benesse.jp/contents/babyfood/base/index02.shtml、2020年12月17日閲覧)

イラスト5-2　ものの永続性（いないいないばあ）

## 2）心・言葉の発達

　6～7か月ごろになると、遊びの中でも「いないいないばあ」などのやりとりの遊びが成立するようになってきます。これは「ものの永続性」が理解できるようになってきているということです（イラスト5-2参照）。たとえばいないいないばあの遊びでは、乳児の目の前にある養育者の顔が手などで隠されてしまい、目に見えていない状態になります。ものの永続性の理解がまだ出来ない場合は、養育者の顔が見えなくなるとたちまち目をそらしてしまうのです。しかし、見えなくてもちゃんと養育者が存在していると理解ができていると、隠した顔を「ばあ」と出すまで、じーっと見続けられるようになるのです。

　また、抱っこされる際に両手を伸ばすなどの自己主張が見られ、母親等の指差しにも反応し、その先のものを見つけることができるようになってきます（ジョイントアテンション・共同注意）。

　さらに知らない人が抱っこしようとしたり、近づいてくると人見知り（8か月不安）をするようになります。その為、保護者や保育者が移動するとその後を追う、**後追い**も始まるようになります。これは養育者を中心に、普段身近にいる人とそうでない人の区別がつくようになっている証拠です。特定の信頼できる人を自分自身の心の安全基地として、そこから自らの社会性を広げていくともいえます。どの場所からも安心できる人の存在が感じられるような環境づくりとかかわりを工夫するなどして、乳児の不安が和らぐように心がけていきましょう。

## （3）9～12か月ごろ

### 1）身体・運動の発達

　ずり這いが盛んになるとさらに四つ這い、高這い、つかまり立ちをするようになります（p.66イラスト5-3参照）。個人差はあるものの移動したいという意欲がさまざまな体の発達に影響します。しっかりとハイハイをすることで、歩行する際に必要な体幹やバランス感覚等の能力が育まれます。遊びの中で、自分から動きたいという意欲が湧くような環境を整え、保育者が興味を引き出せるよう援助しましょう。

イラスト 5-3 四つ這い→高這い→つかまり立ち（イメージ）

　また、全身の平衡感覚も育ってきますので、座位（座る姿勢）が安定してきたら、体を優しく揺らす遊びも取り入れましょう。その際には激しく揺らすのではなく、子どもが心地良い状態を保てるように心がけましょう。さらに手指の発達も進み、細かな動きが出来るようになります。ものを握ったり、親指と人差し指でつまむ、たたく、引っ張る等いろいろな姿が見られます。たとえば、入れものに入っている細かなものを入れたり、出したりするなどの行為も増えてくるので、ままごとや知育玩具等を提供し、遊びの中で体・運動の能力が育つような環境を整えましょう。

　また、離乳食は後期から完了期となり、一日3回となります。最初は手づかみで食べることがほとんどで、自分の口に入る量がどのくらいかわからずにどんどん口へ運びます。自分で食べたいという意欲が増す時期なので、無理にとめることはなるべく避けましょう。保育者がスプーンで介助し、自分の口に入る適量を少しずつ理解していけるように伝え、咀嚼を促すようにしてください。

## 2）心・言葉の発達

　自己主張が強くなり、他者へ伝えようとする姿も見られるようになります。たとえば保育者に抱かれている際に、行きたい方向、欲しいものが見つかると、「あっち」と示すようになります。子どもが伝えたい思いや事柄を保育者がしっかりと受け止め、「あっちに行くの？行きたいの？」と言葉で表現することで、自分のした行為や言葉がきちんと人に伝わっていることが理解できるようになり、言葉の理解やもっと伝えようという次への意欲につながります（※その際、子どもか大人のどちらかが指差した方を一緒に見る行為を**共同注意**［ジョイントアテンション］といいます）。こうしたやり取りの中でお互いの気持ちを通い合わせ、言葉の理解は進んでいきます。1歳近くになると、喃語から**初語**が出現し始めます。これは「まんま」や「まま」「ぱぱ」などさまざまですが、意味のある言葉として表しています。言葉のやりとりの中で心が通じ合う経験を積み重ねていきましょう。

# 第6章

# 1・2歳児の発育・発達を踏まえた保育

 第1節　1歳児の保育と環境

## （1）身体・運動の発達

　つかまり立ちから伝い歩きが進んでくると、1歳頃には一人で立つことから一人歩きへと移行していきます。歩き始めは、バランスをとるために両手を前にしたり広げたりします。バランスを崩して転倒の恐れもある為、足元など周囲の環境には十分に配慮をしましょう。一般的には、1歳6か月頃に歩行が確立するとされていますが、個人差をしっかりと踏まえ、それぞれの成長発達に合わせてみていくことが必要です。行動範囲は広がり、階段の昇り降りや屈伸運動、音楽に合わせて体を動かすなど、動く行為そのものを楽しむようになります。散歩等に出かけると、こだわりをもってじーっと虫を観察したり、行きたい道を通ってみたりする姿も増えてきます。時間的な余裕を持ち、子ども一人一人が楽しめるよう少人数で出かける等の工夫も必要です。食事面では、座位が安定し椅子に座って、スプーンで食べようとします。手首の可動域が狭い為、スプーンもそれぞれの段階を考え、食べやすく持ちやすいものを用意しましょう。スプーンですくって口へ運ぶまでには、①スプーンを握り、②腕と手首で食べ物をすくいとって口へ運び、③唇を閉じて食べ物を取り込むという一連の動作を行って初めて「食べる」行為が完成します。

　スプーンを使って自分で食べることが出来るようになるまでには、上手く口まで運べずにかんしゃくを起こしてスプーンを投げてしまったり、諦めて手づかみで食べようとしたりする子どもと根気をもって付き合うことも必要です。子どもの食べたいという大切な思

乳児の食事のイメージ
① スプーンを握る。
② 食べ物をすくい、口まで運ぶ。
③ 口を閉じ、咀嚼する。

いを損なわず、時には思いのままに受け止めながら、無理強いをせずに少しずつ持ち方を伝えましょう。手を一緒に持って口へ運んだり、保育者が見本を見せてみたりと色々な手段を試しながら、子どもの心も体も無理なく受け入れられるよう進めていきましょう。

## （2）心・言葉の発達

　1歳頃になると**象徴機能**（p.92参照）が発達したことにより、ものを何かに見立てて遊んだりすることが出来るようになります。さらに1歳3か月頃になると保育者との意思の疎通がしやすくなり、同じものをイメージできることも増えてきます。絵本を見ているときに「ぶーぶー（車）はどれ？」というような質問であれば、その絵の中から車を探し、指差しをして答えてくれます。また「これは？」「これは？」と子どもから聞き返してくれることもあります。さらにお気に入りの絵本は、何度も「もういっかい」と読んでもらえるよう要求することも増えます。同じ言葉を何度も聞き返すことで、言語を記憶するとともにその言葉を自分なりの言葉で（牛＝モーモー、猫＝にゃーにゃーといったように）表現し始め、記憶する語彙数は30～50語といわれています。

　また自我が芽生えはじめ、「だめ」と禁止されると激しく抵抗するようになります。たとえば自分が欲しい玩具を別の子が使っていて、「かして」といえずにとりあげて逃げてしまった場面があったとします。子どもの見えている姿＝とりあげて逃げてしまった行為ですが、本当はどうしたかったのか、その気持ちを受け止め、理解をすることが必要です。自分の中にある気持ちをうまく表現できず、整理しきれずにでてきた一場面を子どもの気持ちに寄り添う中で、読み取ることが大切です。この場合は、「玩具がどうしても欲しかった」という見えていない思いを保育者がしっかりと汲み取ることで、子どもにとっては玩具を譲ってもらうこと以上に大切な自分の思いを受け止めてもらう経験につながります。

　同じように言葉が未熟なこの時期だからこそ起こるかみつきの行為も、1歳6か月頃に多発し、2歳頃までみられます。これは、自分のものという所有欲が働き、ものへの執着心があらわれているのです。自分と他人という区別をつけていく上で大切な過程ですが、安全面には十分に配慮する必要があります。その日の子どもの様子をしっかりと見守りながら、未然に防ぐということも大切です。子どもの様子を見て、今日はイライラしてるのかな？と感じることがあるのであれば、一人でゆったりと過ごせるような環境を整えたり、保育者と1対1で過ごす時間を確保し、落ち着いて過ごせるようにするなどの工夫も必要でしょう。子どもの言葉にならない思いを保育者が**代弁**することで徐々に伝える術を学んでいくことができます。

　さらに、1歳後半～2歳頃から「○○をやってみたい」という意欲が湧いてくる時期も訪れます。その時期は、急に芽生えるものではなく、それまでに周囲（人やもの、できごと）から働きかけられた経験がその土台を担っているのです。

　たとえば1歳児クラスの子どもが集中して積み木で遊んでいる際、上に積み重ねた様子

をみて、そばにいた保育者が「これなあに？」と聞いたとします。すると子どもはその積み木に「家」や「きりん」と名前をつけて説明したりします。「高く積み上げられたね」と、保育者が答えるとその子はなんだか満足気な表情をしていました。保育者から、自分のした行為や思いに対して共感的に受け止めてもらいました。その中で「なんだか心地いい感覚」を得られたといえるでしょう。また自分の行為を先生に評価してもらい、心地良い気分になったという経験が心を豊かにし、「もっと○○してみよう、してみたい」という心情が意欲につながり、次の態度となって実際の姿に現れます。その為には、その場に応じて子どもの思いを柔軟に捉え、反応し、応答する保育者の存在が必要不可欠です。快適な**物的・人的な環境**下において発達に適した遊びが展開され、遊びが深まる中で子どもは豊かな心を育むことができるのです。

## 第2節　2歳児の保育と環境

### （1）身体・運動の発達

　この時期は、自分のイメージする通りに体を大きく動かすことができる**粗大遊び**（走る、ジャンプする、くぐる、のぼるなど）から、手先・指先の力を調整して遊ぶ**微細遊び**（スナップボタンはめやファスナーの上げ下げ、お絵描きのなぐり描きをするなど）と遊びの幅が広がるようになります。また、自分でイメージしていることを行為にうつしていくことができるようになると、さらに行動の範囲は広がります。

　ものを介して人とやりとりをしたり、保育者とのかかわりだけでなく、自分の遊びの世界の中に友達も入り、一緒にかかわって遊ぶようになってきます。遊びの広がりとともに人とのかかわりも広がりがみられるようになることが多いでしょう。

　積み木遊びを例にすると、積み木を「積む・並べる」「高く・低く」などの異なる操作を展開するようになったり、ひも通しなどの細かな手指の操作が巧みになってきます。小さいものをつまんだり、ひねったり、揃えたりなどの行為は、その後の衣服や靴の着脱にもつながってきます。普段の遊びの中で必要な運動能力を楽しんで育んでいけるようにしましょう。保育者は、一緒に遊ぶ楽しみを味わう時間を大切にすることや子どもが思い切り

2歳児の積み木遊び

集中して楽しむことができる場所や時間を保障することを意識するようにしましょう。

　この頃には、食事や排泄・衣服の着脱等の生活面の中でも「自分で」という意欲がさらに高まってきます。保育者が手伝おうとすることに対して「自分でする」と主張する際は、そばで見守るようにしましょう。子どもの様子を見守りながら自分でやって出来た時には、「できたね」と達成感を味わえるよう、声をかけます。出来ない場合も、子どもの様子を見ながら、必要であれば「手伝おうか？」と声をかけたり、「やって」と言ってくるのを待ちます。「自分ならできる」という子どもの自尊心を大切にしながら、適切な距離感をもって接することも、時には必要な援助です。そんな思いに寄り添い、子どもの自立心を育んでいきましょう。

## （2）心・言葉の発達

　2歳頃には、「ブーブー、あっち」「ニャンニャン、いないね」などの2語文を話すようになり、2歳後半になると、「〇〇ちゃん、1個ちょうだい」「〇〇くん、おうち帰った」などの多語文（3語以上使う文章）を話すようになります。子どもの発話に対して、適当に返答するのではなく、しっかりと耳を傾けるよう心がけましょう。大人の言う言葉に対して「どうして？」「なんで？」と何でも質問をする質問期を迎え、そのやり取りの中で語彙数を増やしていきます（2歳前後には300語、2歳6か月には500語、3歳には1000語とこの期間で爆発的に獲得します）。

　また言われることに対して、「いや」と何でも嫌がるイヤイヤ期も迎えます。「先生が言うことではなくて、自分が決めたことをしたい」という思いの表れでもあります。可能な範囲で認めてあげることが必要です。子どもの思いに立ちながら、一方的に押し付けるのではなく交渉をしてみましょう。たとえば「AとBならどっちがいい？」と選択肢を与える中で自分で選ぶことができたり、「今日は〇〇ちゃんに決めてもらおう」と、子どもに主導権をもってもらうことも必要でしょう。聞いてもらったことで、「じゃあ次は先生が決めてもいい？」と提案すると、「仕方ないな」と聞き入れてくれることもあります。大切なのは子どもが自分でという自立心の芽生えが見えたときには、その気持ちを汲み取り大切に育ててあげることです。保育者がいつも絶対なのではなく、子どもと一緒に決めるという場面があってもいいのではないでしょうか。

　そうした自立心は、食事や排泄・衣服の着脱等の生活場面の自立にもつながってきます。「自分で」という思いは、遊びだけに限らず、生活場面での意欲にもつながります。そばにいる保育者がどのように見守って声をかけてくれたか、「できた」と達成したときにどんな表情とまなざしを自分にむけてくれたか、その一つ一つの援助が子どものその後の成長にも大きな支えとなっていくことを忘れず、丁寧にかかわっていきましょう。

# 第7章
# 乳児保育における子どもの発育・発達を踏まえた生活と遊びの実際

 **第1節　乳児を取り巻く保育環境**

　子どもを取り巻く物的環境、人的環境について、保育所を含めた児童福祉施設の設備や保育時間についての基準、または保育者対子どもの人数は、どのように設けられているのでしょうか（表7-1、7-2参照）。

　乳児クラスといっても、各年齢に応じて保育士の数と子どもの数が決められています。実際の保育現場では、0歳児クラスでも4月生まれの子と12月生まれの子といったように、月齢差のある子どもが同じ保育室で過ごしています。その為、室内の限られた環境の中で安全にすごせるように準備をすることが求められます。また、乳児期の発達の個人差に合わせ、生活や遊びの場面でその場に応じたかかわりを実践していく際、0歳児であれば1人の保育者に対して3人の子どもを保育するということを基本としながらも、その場に応

表7-1

| 年齢ごとの子ども数：保育士数の比率 | |
|---|---|
| 年齢 | 子ども数：保育士数 |
| 0歳児 | 3：1 |
| 1・2歳児 | 6：1 |
| 3歳児 | 20：1 |
| 4・5歳児 | 30：1 |

表7-2

| |
|---|
| **面積について（面積/一人当たり）**<br>　乳児室（1.65 m²/人）ほふく室（3.3 m²/人）保育室又は遊戯室（1.98 m²/人）<br>　屋外遊戯場（保育所の付近にある屋外遊戯場に代わるべき場所を含む。）（3.3 m²/人）<br>**必要な設備**<br>　・2歳未満児<br>　　乳児室又はほふく室、医務室、調理室、便所<br>　・2歳以上児<br>　　保育室又は遊戯室、屋外遊戯場（保育所の付近にある屋外遊戯場に代わるべき場所を含む。）、調理室、便所、保育に必要な用具を備える<br>**職員・職種**<br>　保育士、嘱託医、調理員（調理業務は委託も可能）<br>**保育時間**<br>　1日につき8時間を原則 |

出典：厚生労働省「保育所の設備及び運営に関する基準の条例制定状況及び運用状況等について（平成26年12月現在）」をもとに筆者抜粋
(https://www.mhlw.go.jp/file/06-Seisakujouhou-11900000-Koyoukintoujidoukateikyoku/201412jyoureitou.pdf、2020年11月26日閲覧)

じた柔軟な保育体制が求められます。安全で安心できる環境を準備する中で、子どもにとってより良い保育を行っていくためには、保育を行うための保育計画や保育者間での連携、毎日の保育の振り返りなどが必要不可欠なのです。そして、どの年齢の子どもにとっても、保育者との1対1のかかわりが土台にあることを忘れないでおきましょう。

 ## 第2節　乳児にとっての「環境」とは

　乳児を取り巻く環境には、保育者等や子どもなどの人的環境、保育室・園庭や遊具などの物的環境、さらには自然環境などさまざまなものがあります。保育所は、人、もの、場所などの環境が互いに関連し合い切り離すことのできない関係にあるといえます。こうしたことを把握した上で、子どもの生活が豊かなものとなるよう、計画的に**環境構成**を行い、工夫して保育していくことが必要といえます。保育所保育指針に示された留意点を参考にしましょう。

---

**保育所保育指針　第1章　総則**

1　保育所保育に関する基本原則

(4)　保育の環境

ア　子ども自らが環境に関わり、自発的に活動し、様々な経験を積んでいくことができるよう配慮すること。

イ　子どもの活動が豊かに展開されるよう、保育所の設備や環境を整え、保育所の保健的環境や安全の確保などに努めること。

ウ　保育室は、温かな親しみとくつろぎの場となるとともに、生き生きと活動できる場となるように配慮すること。

エ　子どもが人と関わる力を育てていくため、子ども自らが周囲の子どもや大人と関わっていくことができる環境を整えること。

（下線、筆者）

---

　乳幼児期を通し、「自分からかかわりたい！」と思えるような環境を構成することで、遊びや生活を創り出していけるような意欲を引き出していきたいものです。その過程には、試行錯誤をしたり、探究心をもったりとさまざまな心が育っていくことが予想されます。こうした経験の中で、子どもたちが環境を通して育っていく教育を心がけていきましょう。

　保育園に登園する子どもたちの中には、一日のほとんどを園で過ごす子もいます。そういった意味でも、子どもにとって安心できる快適な環境・自らの世界が広がっていくような経験をどのように保障していくかという点は、子どもの育ちにも大きく影響するといえるでしょう。だからこそ、その時期に応じて子どものどんな心が育っているか、どんなも

のに興味があるのかをしっかりととらえ、一人一人に応じた環境を構成する必要があります。必要とされる環境は、一日ずつ途切れるものではなく、子どもの発達に即したものを考えましょう。そして、その環境に支えられ、さらに毎日の生活の中で保育者の援助によって、より成長を促していけるような実践をしていくことが望ましいでしょう。

---

**エピソード 1：乳児自らが環境にかかわるための援助とは**

（0歳児クラス）

　4月に入所してきたBちゃんは、現在8か月です。保育所にも慣れはじめ、ハイハイを盛んに行っています。欲しい玩具があると、ハイハイで移動し、棚の1段目にある玩具を手に取って遊んでいました。保育者は、手が届くよういつも1段目にBちゃんお気に入りの音のなる玩具を置くようにしていたのです。入所から1か月。最近のBちゃんはつかまり立ちをしようとする姿が時々見られるようになりました。そこで保育者は、意図して棚の2段目にBちゃんお気に入りの玩具を置いてみました。すると、Bちゃんはいつものように一生懸命にハイハイをして玩具を取りに行こうとしましたが、今日は2段目ですぐには取れません。一度、保育者の顔をみたBちゃん。保育者は、優しく微笑んでいます。しばらくかたまって考えていましたが、その玩具が欲しかったようで、意を決したようによいしょとつかまり立ちをして、うーん…。手が届いた瞬間に保育者と顔を見合わせ、うれしそうに声をあげていました。

---

**【演習 7-1】**
① エピソード1を通して、乳児自らの気持ちが出ていた場面や行動に下線を引いてみましょう。
② 保育者が行った援助について波線を引いてみましょう。
③ 保育者の援助として捉えた事柄について、あなたが感じたことを自由に書いてみましょう。

　このエピソード1の中でもBちゃんにとって「お気に入りの玩具」という環境が支えとなり、自らが移動→つかまり立ち→手を伸ばす→玩具がとれた！という成功体験としてつながりました。しかし、そこには保育者の意図が隠れていました。
① 子どもが玩具を簡単には取れないように、わざと2段目に置いておく。
② 子どもが助けを求めて保育者を見てきた際に、あえて見守るという援助を選択する。
　①、②に共通していえるのは、ハイハイからつかまり立ちへ移行している時期という発達を踏まえたうえでかかわっています。そして、この保育者の援助によって、子どものできた！という達成感が得られたのです。ここには、保育者の意図した援助が子どもの成長を促したという結果が出てきました。さらには、子どものその瞬間の思いを、一緒に喜び、

共に思いを通じ合わせるという大切な援助も実践されています。環境を通して保育を行っていくためには、保育者の意図や計画が不可欠であることが感じられたエピソードです。

##  第3節　乳児の生活や遊びを支える環境

　子どもが一日を過ごす保育室を見渡すと、食事をする場所や排泄をする場所などの生活を営むスペース、そして遊ぶ場所の中でも、落ち着いてゆったりと過ごせる場所（静のスペース）や遊ぶ意欲を発散させられる場所（動のスペース）など、その時々の発達に合わせて乳児に必要な環境を提供する必要があります。

　保育所保育指針第1章 総則 (4)「保育の環境には（中略）人、物、場などの環境が相互に関連し合い、子どもの生活が豊かなものとなる」必要性を述べています。保育者は、どのような環境構成を提供するかを考える際、さまざまな点に考慮して考えることが求められます。

　物的環境（もの・場所を含む）で考えていくと、たとえば……。

> ・子どもが思い切り動ける広い場所をつくる
> ・1つの保育室で複数の子どもが過ごすことを考え、一人一人の発達に合わせて遊びこめる場所を確保する
> ・保育を行う際に複数の保育士が動くイメージ（動線）を考慮した配置
> ・家庭的な雰囲気を感じられる保育室

など、その他にもたくさんあります。毎日を過ごす場所だからこそ、保育者は子どもの発達にあわせて保育室の環境も日々更新していく必要があるのです。園によっては、子どもたちが主体的に遊びを選択できるように目的ごとにコーナー分けをして遊び場を構成するコーナー保育を実践している園もあります。さまざまなコーナーを構成することで、複数の子どもたちが一部屋で過ごす毎日の中であっても一人一人の遊びを保証することを目的としています。

> 【演習 7-2】
> 　上記のことを踏まえながら、あなたがイメージする乳児が楽しめる保育室はどのようなものかを書いてみましょう（実現可能かどうかは問いません）。

　たとえば、0歳児のクラスで考えると、まだずり這いを始めたばかりのSちゃん（7か月）のそばに歩き始めたTくん（1歳）が遊んでいました。Tくんは歩き始めでたくさん体を動かしたいのですが、近くにSちゃんがいた場合、踏みつけてしまう危険性が出てき

ます。もちろん保育者が配慮し、避けられるよう声をかけることも必要ですが、それでは
その都度、Tくんの動きたいという意欲を止め、行動を制限してしまうことにもつながり
ます。そうならないように環境を前もってコーナーごとに仕切っておき、それぞれの子ど
もが思う存分、やってみたい、遊びたいという意欲を発散できるようにしてあげるのです
(この場合なら、Tくんが歩けるような広いスペースと、Sちゃんがゆったりとずり這いができ
る落ち着いたスペースの間に仕切りをする等)。

　それぞれの子どもの意欲や興味を大切にできるような環境であること、そして安全で安
心できる環境であること、この2つを叶えられるような保育室がどのようなものであるか、
保育者は発達を踏まえた上で考えていけるように心がけていきましょう。さらに、子ども
のそばにいる保育者がどのようなかかわりをもつかという人的環境も生活や遊びを支える
上では大きな影響を与えるといえます。一人一人の子どもの育ちを丁寧に見ていくため、
緩やかな育児担当制（p.137参照）やグループ担当制を導入している園も多くあります。子
ども一人一人の情緒的な安定、また保育者との関係を築いていくため、それぞれの子ども
の発達や習慣を深く知るなかで、それぞれに合った働きかけを行うことができるよう考え
られた方法のひとつです。子どもが環境に対してどのような育ちを辿っているのか、日々
のかかわりの中で把握することで、生活の場面でも遊びの場面でも子どもに必要な発達を
促していくことができます。

　では、実際にはどのような環境が乳児にとって望ましい環境といえるのでしょうか。写
真を例にそれぞれのスペースに分けてみていきましょう。

### （1）食事スペース

　写真7-1は、0歳児の食事スペースです。

　子どもが家庭的な雰囲気の中で安心して食事がとれるよう、食堂のような広さではなく、
2・3人で食卓を囲める落ち着いた雰囲気に配慮されています。座位がまだ安定していな
い場合は、保育者の膝に座って抱っこ食べで食事をします。座位が安定してくると食卓椅
子を活用しますが、写真のように机や椅子の位置が高いわけは、保育者が援助をする際に

写真7-1　0歳児　食事スペース

なるべく負担がかかりにくいという点や子どもと保育者の距離が近いという点もあります。さらに子どもの気が散らないよう手の届く位置には、ものをなるべく置かないような配慮がなされています。いずれにしても子どもにあった援助ができるような環境が整えられています。また、離乳食の時期（初期・中期・後期・完了期）やアレルギー食など、一目で見分けが付くようにボードなどを活用して、**誤食**が起こらないような配慮もされています。食事の配膳の際、誤って違う子の食事を配膳しないような工夫は０歳児にかかわらず、どの年齢でも共通して気を付けるべき点といえます。

### （２）排泄スペース

　写真 7-2 は、０・１歳児の排泄スペースです。便座が高く足がついていない状態では排泄がしにくくなってしまう為、子どもが自分でまたぐことのできるような高さの便座になっています。便座と便座の間には仕切りが設置されています。隣の子とのプライバシーを保護しながらもお互いの表情が見えるような仕切りの高さが用意されています。また少しでも子どもたちがトイレへ行くことに対して意欲がもてるよう、壁には子どもの好きな動物が飾られている点も保育者の配慮が感じられます。トイレ＝冷たい・暗いというイメージではなく温かい環境を用意してあげることも大切でしょう。子どもにとって排泄は、楽しく遊んでいる最中にわざわざ場所を移動しなければいけない面倒な時間となってしまう場合もあります。大人目線でトイレへ一方的に誘導するのではなく、どうすれば子どもが

写真 7-2　０・１歳児　排泄スペース

写真 7-3　０歳児　保育室

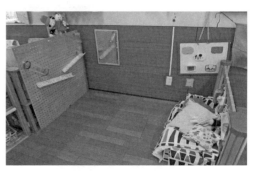

写真 7-4　１歳児　保育室

トイレへ抵抗なくいけるか、物的な環境も含めたかかわりを考えることも必要でしょう。

## （3）遊びのスペース

　次に遊びの場面ではどうでしょうか。年齢ごとでその環境は大きく変化していきます。

　写真 7-3・7-4 のどちらの保育室にも鏡が設置されています。０歳児クラスでは、鏡が段ボールと接着され、その周りには布が貼り付けられ、子どもの安全面にも配慮されています。１歳児クラスでは、何人かの子どもが一緒に映るように枠を隠さずに鏡の面が大きく取られています。また、１歳児の子どもの目線の先に映るような高さで設置されています。玩具の場所については、０歳児・１歳児クラスそれぞれの子どもの発達を踏まえて、ハイハイの子から一人歩きをする子どもまで、手の届く位置に玩具があり、しっかりと目線に入る位置に提供されています。また、なるべく一目見ただけで、どこに何が置かれているかが分かるよう配置にも工夫がなされているのです。

　保育室の環境を見ていくと、その時の子どもが何を楽しみながら日々生活しているかが見えてくることも多くあります。保育者が環境をどのように構成するかで、次にどのような意欲・興味が引き出されるかも変わってきます。毎日の保育の振り返りの中でも、子どもが今日は何を楽しんでいるのだろう、どんな面白さを感じているのだろうと、子どもの視点に立って保育室を見直すことも大切ですね。

　写真 7-5 は、入口からみた保育室です。入口付近には視界を遮るものはなく、保育室全体の見通しが良いことがわかります。また、入ってきた瞬間に①目の付く位置に玩具が用意され、②手作りの牛乳パックの枠に入ったりできるよう準備がされています。たくさんの玩具が用意されていたとしても子どもが見つけにくい場所に設置してしまっては、手に取って遊ぶ機会が減ってしまいます。子どもの手の届く位置に準備しておくことも大切な

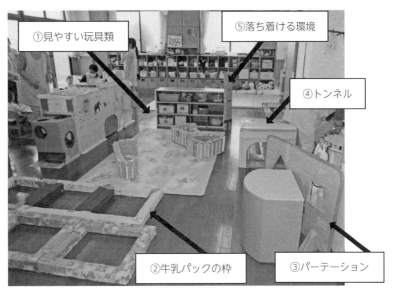

写真 7-5　保育室全体の環境（０歳児クラス）

配慮です。

　また体を動かして遊べる工夫がたくさんあります。手前にはいないいないばあができそうな型抜きされた③<u>手作りパーテーション</u>があったり、④<u>トンネル</u>もあります。また奥には、⑤<u>集中し落ち着いて遊べるぬいぐるみやポットン落とし</u>といった玩具も用意されています。保育室を見るなかで、保育者が子どもの発達段階を理解し環境構成をしていることや子どもがどのような遊びに興味をもち、意欲をもって取り組んでいるかが理解できます。厚生労働省は、「保育所における感染症対策ガイドライン（2018年改訂版）」において、室温：夏26〜28℃、冬20〜23℃、湿度：60%を保育環境のめやすとしています。子どもたちが快適に過ごすことができるよう、保育室の環境整備に努めましょう。

 ## 第4節　乳児の生活と保育者の援助の実際

　ここでは実際の乳児の一日の生活を振り返りながら見ていきましょう。食事や排泄などそれぞれの場面での援助はありますが、当然のように保育は途切れているわけではありません。私たち保育者はその日の子どもたちの様子を感じ取り、臨機応変な応答を行い、保育者同士が連携をとりながら、生活に沿って見通しを持った保育をしていく必要があります。一概には言えませんが、クラスや年齢によっても配慮・留意点には違いがありますので、見比べながら学んでいきましょう（※食事・睡眠［0歳児クラス］、排泄［1歳児クラス］、着脱［2歳児クラス］をベースに考えていきましょう）。

　表7-3は、ある園での0歳児クラスのデイリープログラムです。入園してから基本的に毎日同じリズムで過ごすことで、安心して過ごすことが出来るようになってきます。日課が決まっているからといって必ずしも同じ時間に同じことを一斉に行う必要はありません。とくに0歳児クラスは月齢の違う子どもが同じ室内で過ごすことになりますので、当然睡眠のリズムも変わり、その発達によって対応することが必要となります。また急な体調の変化などにも気を配りましょう。基本的には、家庭での過ごし方等を聞いて、徐々に園での生活に慣れていけるよう、個別にかかわっていきましょう。

### （1）食事場面
　具体的な給食時間の手順を見ていきましょう。

---

　① 朝一番に部屋のアレルギーボードでアレルギー食を確認する。
　② 給食前に出席確認、アレルギーの有無をもう一度確認する。
　③ 給食室で、アレルギー児の出欠を確認して給食を受け取る（出席している子のみでなく、欠席の子の確認も行う）。
　④ 他の担任へアレルギー児の食事を伝える。

---

> 例「○○ちゃん、（おかず）に卵が入っているので除去です」
> ⑤ 除去食の子のみ先に配膳して食べてもらう。
> ⑥ グループ毎に配膳し、10 分くらいの時間差をつけて食べていく（そのあとの排泄・着替え
> にも時間差ができ、子どもが待つことが少ない）。

　このように手順を決めておくことで、子どもが食事準備を待つ時間が短縮され、また保育者自身も混乱なくスムーズに準備を行うことができます。

　食事準備で気を付けなければいけないのは、誤食です。離乳食の段階が違ったり、アレルギー食があったり、さらにミルクを飲む子など、とくに 0 歳児では子どもに応じて提供する食事の形態にばらつきがあります。誤りがないよう配慮することが必要です（写真 7-6 のようなマグネットボードを活用した早見表等（p.80）を作成するなどしてそれぞれの園でも工夫がなされています）。

　食器類はその子が握りやすい形状のものか、持ち手は長すぎないか、机や椅子はその子の座った姿勢の時にしっかりと足裏がついているか、また食べる空間の広さや食べている際の視線の位置はどこへ向くか等、一つ一つチェックしてみてもいいのではないでしょうか。落ち着いた雰囲気の中で食事を提供する環境を事前に整え、子どもも大人も食べる時間が楽しい時間となるようにしましょう。また、初めて自分で食べるという行為をするのも乳児の時期です。発達を踏まえた上での丁寧な保育者のかかわりが、その後の子どもの成長の支えとなることを忘れないようにしましょう。

表7-3　0歳児クラスのデイリープログラム

| 時刻 | 子どもの活動 | 時刻 | 子どもの活動 |
|---|---|---|---|
| 8：30 | ＊早朝合同保育から各クラスへの移動 | 15：00 | ＊おやつ（おやつの歌、挨拶） |
| | ＊順次登園・健康観察<br>＊朝の準備（保護者） | | ＊園庭・屋上で遊ぶ<br>　（天候により室内遊び） |
| | ＊自由遊び（園庭遊び・室内遊び） | 16：30 | (部屋で) お帰りの挨拶<br>※絵本の読み聞かせや室内保育 |
| 9：15 | ＊おやつ（水分補給） | | ＊順次降園 |
| 9：35 | ＊朝の挨拶（絵本・体操・歌等） | 17：00 | ＊延長保育 |
| 9：45 | ＊設定保育 | | |
| 10：50<br>11：00 | ＊給食の準備（排泄、手洗い）<br>＊給食の歌や挨拶、給食<br>＊食後、歯磨き | | |
| 11：45〜 | ＊午睡<br>　午睡準備（排泄、着替え） | | |
| 14：50 | ＊起床<br>目覚めた子から…排泄、着替え、自由遊び | | |

（筆者作成）

《一覧表》
① 名前
② ミルクの種類
③ おやつの種類
（きざみ・完了等）
④ 給食の種類

※同じ保育者が子どもの食事援助ができるよう、マグネットが同じ色になるよう工夫されている。

**写真 7-6　0 歳児クラス　食事形態の一覧表**

### （2）午睡場面

　生後 28 日未満の新生児期の一日 16 時間前後眠る時期から、約一年を通して、午睡のリズムが一日 1 回になるリズムへ徐々に整ってきます。（詳しくは発達表 p.43〜59 を参照）とくに 0 歳児クラスでの一人一人に応じた眠る際の個別の対応は、非常に大切といえるでしょう。

　近年は、**乳幼児突然死症候群（SIDS）**（p.109 参照）発症の危険がとくに謳われています。何の予兆も既往歴もないまま突然亡くなってしまう原因不明の病気と言われていますが、研究が進む中で、うつ伏せ寝時の方がリスクが高いということが明らかになりました。乳児の睡眠中の観察は、一人一人常に行う必要があります。眠っている際の態勢を仰向けに整え、手で触って呼吸の確認をしたり、息づかいや顔色等に変わりがないかを丁寧に行います。さらにチェック表へ記録し、確認を行っていくことで、子どもの変化に迅速に気付ける配慮などが現場では行われています。子どもの様子が全く見えなくなるので、保育室のカーテンはすべて締め切って暗くしてしまうのではなく、薄暗くするようにしましょう。さらに、事前に食べていた食事が口に残ったままで呑み込めておらずそのまま眠ってしまうと、窒息してしまう原因にもなります。食後の歯磨き時と午睡前に口の中を確認するなど保育者一人一人が意識するように心がけてください。また、**脱水症状**や床暖房による**低温やけど**にも気を付けるようにしましょう。

### （3）排泄場面

　排泄は個人差があり、生後 6 か月ごろまでは一日 15〜20 回程度あります。1 歳頃までは水っぽい便が特徴ですが徐々に固くなってきます。そして膀胱の機能の発達とともに自らの尿意を感じるようになり、体を動かしたりなどのしぐさをみせます。保育者は、そのサインを見逃すことなく、声をかけトイレへ誘導するようにしましょう。

　発達表の中でも排泄の成長過程を示していますが、あくまでも目安です。1 歳なのにト

イレに行かず、おむつでしてしまう子に対して、どうしておしっこが出ると伝えてくれないのかを思い悩む必要はありません。子どもの意思ではなく、排泄に必要な機能が未発達だからなのです。また子どもが排泄を失敗してしまった時も「どうして」と問うようなことは避けましょう。自分が失敗をしてしまった時こそ、子どもは保育者の様子や顔色をじーっと見ています。ゆとりをもち、動揺することなく「汚れちゃったから、きれいにしようか」と声をかけてあげましょう。保育の中でも排泄場面になると、どうしても丁寧さが欠けてしまいがちになります。排泄時は 1 対 1 でかかわることができる場面でもあります。表 7-4 (p. 82) にあるように排泄は遊びの前に誘ってみたり、遊び込んでいる際は少しゆとりをもって子どもの様子を見ながら声をかけてあげることも必要かもしれません。一人一人の**排尿間隔**を把握しながら、皆で一斉にトイレへ行くような形式ではなく、少人数ずつで誘導することもポイントです。以下のように、クラスとしての目安や最終的な目標を一人ずつ立てながら、1 年間と考えるのではなく、0 ～ 2 歳と乳児期の過程の中で援助をする留意点や視点を保育者どうしで理解し合う工夫もいいかもしれません。

---

　**0 歳、Aちゃんの例**

① 排尿面での援助の留意点→一人一人の生活リズムを把握しながら、保育者が排泄交換の
　手順をそろえて、家庭に近い形で行えるようにする。

② 最終的な目標→保育者との信頼関係の中で、排泄交換されることを嫌がらずにしてもらう。
　（座れる子は）便器に興味をもって座ってみる。

　**1 歳、Bくんの例**

① 排尿面での援助の留意点→尿意を感じられるように排尿間隔を考えて声をかけるように
　する。活動の最中ではなく、遊びの切れ目で行けるように配慮し、習慣づけやすくする。

② 最終的な目標→尿意をジェスチャーや言葉で保育者等に伝えようとする。便器で排泄す
　ることが習慣づいてくる。

　**2 歳、CちゃんとDくんの例**

① 排尿面での援助の留意点→排泄の成功・失敗に限らず、子どもの気持ちを理解し認める
　声掛けを心がける。道具の使い方を丁寧に伝えるようにする。

② 最終的な目標→女児は、自分から尿意を告げ排泄する。ペーパーをちぎって拭けるよう
　になる。男児は、自分から尿意を告げ、男児用便器で立って排泄できるようになる。

---

## （4）着 脱 場 面

　表 7-5 (p. 82) は、2 歳児クラスのデイリープログラムです。この時期になると、生活場面や遊びの場面、さまざまな場面において自分でするという意欲がどんどんと高まってきます。時間はかかったとしても、子どものやりたいという意欲を汲み取り、見守ってあげるのも発達を支えていく上では非常に重要といえます。

表7-4　1歳児クラスのデイリープログラム

| 時刻 | 子どもの活動 | 時刻 | 子どもの活動 |
|---|---|---|---|
| 8：30 | ＊早朝合同保育から各クラスへの移動 | 14：45 | ＊起床<br>目覚めた子から…排泄、着替え、自由遊び |
| | ＊順次登園・健康観察<br>＊朝の準備（保護者） | 15：00 | ＊おやつ（おやつの歌、挨拶） |
| | ＊自由遊び（園庭遊び・室内遊び） | | |
| 9：15 | ＊おやつ（水分補給） | 16：00 | ＊園庭・屋上で遊ぶ<br>（天候により室内遊び） |
| 9：30 | ＊部屋で朝の集いを行う（挨拶、体操、歌等）<br>晴れている日は、戸外遊び | | ＊順次降園 |
| | | 16：30 | （各部屋で）帰りの集い |
| 9：45 | ＊戸外からお部屋に入る | 17：00 | ＊延長保育 |
| 10：00 | ＊手洗い、排泄、水分補給<br>＊立腰・読み聞かせ<br>＊設定保育 | | |
| 11：00 | ＊給食の準備（排泄、手洗い）<br>＊給食の歌、挨拶、給食<br>＊食後、歯磨き | | |
| 12：00 | ＊午睡<br>午睡準備（排泄、着替え） | | |

（筆者作成）

表7-5　2歳児クラスのデイリープログラム

| 時刻 | 子どもの活動 | 時刻 | 子どもの活動 |
|---|---|---|---|
| 8：30 | ＊早朝合同保育から各クラスへの移動 | 14：45 | ＊起床<br>目覚めた子から…排泄、着替え、自由遊び |
| | ＊順次登園・健康観察<br>＊朝の準備（時期に応じて徐々に子どもが<br>自ら行うようにする） | 15：00 | ＊おやつ（おやつの歌、挨拶） |
| 9：00 | ＊自由遊び（絵本の読み聞かせ等）<br>＊（必要に応じて）水分補給 | 16：00 | ＊園庭・屋上で遊ぶ<br>（天候により室内遊び） |
| 9：30 | ＊部屋で朝の集いを行う(挨拶、体操、歌等)<br>晴れている日は、戸外遊び | | ＊順次降園 |
| | | 16：30 | （各部屋で）帰りの集い |
| 9：45 | ＊戸外からお部屋に入る | | ＊順次降園 |
| 10：00 | ＊手洗い、排泄、水分補給<br>＊立腰・読み聞かせ<br>＊設定保育 | 17：00 | ＊延長保育 |
| 11：05 | ＊給食の準備（排泄、手洗い）<br>＊給食の歌、挨拶、給食<br>＊食後、歯磨き | | |
| 12：20 | ＊午睡<br>午睡準備（排泄、着替え） | | |

（筆者作成）

写真 7-7　2 歳児クラス　着脱の手順

写真 7-8　1 歳児クラス　靴置き場

写真 7-9　1 歳児クラス　コート掛け

　衣服の着脱場面でも同じことが言えます。「自分でする」と言う子どもに対しても、手を貸すことはしないにしても「あなたのことちゃんとみているよ」という姿勢は伝わるように見守りましょう。それが子どもの意欲にもつながっていきます。また、脱ぎ着する際の手順について、保育者によって子どもへの伝え方が変わってしまっては、子どもは混乱してしまいます。写真 7-7 のように、手順を絵と言葉で分かりやすく示しておくことで、子どもはもちろんクラス内にいるどの保育者も同じ手順で子どもの援助を行うことが出来るようになります。こうした小さな配慮の積み重ねのなかで、子どもがどの保育者に聞いても大丈夫という安心感が生まれます。子どもにかかわる際には、保育者目線だけでとらえるのではなく、子ども目線で考える視点を忘れないようにしなければいけません。

　また 1 歳後半ごろになると、自分のものと他児のものという持ち物の区別がつくようになってきます。写真 7-8、7-9 のように自分の靴やコートの場所に目印としてマークをつけ、整頓することで、自分から持ち物を出したら元の場所へ戻すという習慣がつくようになってきます。子どもが覚えやすいものや身近なものにするとより理解しやすくなるでしょう。

 第 5 節　乳児の遊びと保育者の援助の実際

　乳児期の遊びは、非常に感覚的で遊ぶ前に「○○をする」という目的はない場合がほとんどです。しかし、それは成長とともに広がり、深まりをもち、さらに遊びを通してさま

ざまなことを学んでいきます。意欲や興味をもって自分から身近な玩具に触れたりかかわったりできるようにしたいと保育者であれば思うことでしょう。そばで乳児の遊びを支える保育者が、どのようなまなざしを持ち、目の前の子どもが今何を考え、楽しんだり面白がっているのかを理解することで乳児の遊びは充実していきます。

## （1）乳児（0〜2歳児）の遊び

　0歳児のクラスであれば、なんでも玩具を口元へもっていき、なめたり、口に入れて「これはどんなもの？」「面白いもの？」と確かめる行動をすることも多くみられます。こうしたことを予測して**誤飲**（誤って飲み込んでしまう）する大きさのものは前もって避けておくなど、気を付ける必要があります。けれども、保育者があれも危ない、これも危ないと言っていては子どもは楽しくありません。保育前には、そういった危険がないかを事前に見ておくようにして、なるべく遊んでいる際には禁止する形ではなく、楽しめるような声かけがたくさんできるようにしましょう。また子どもは狭い空間や隙間も興味をもって入ろうとします。あえて体がすっぽりと入るようなサイズの箱を用意し、押し車にしたりして歩行を促すのもいいでしょう。こうした粗大運動（体を大きく動かし、体幹を育てる運動遊び）・微細運動（手指を使って細かい動きを必要とする運動）を通して、子どもは発達に必要な能力を獲得していきます。

　1歳児のクラスでは、徐々に自我が芽生えはじめ、ものの取り合いも見られてくるため、玩具の数や量は、その時期に応じて配慮しながら用意することが大切です。多く用意することが必要という訳ではありません。もし、数が足りない場合は、自分の欲しい玩具を他児に対して「かして」と言えたり「いいよ」というやりとりが生まれます。ものの貸し借りが成立していくには、普段の遊びの中で何度も「私のだから貸したくない」「どうしても貸してほしい」というような自分の中の葛藤に出会い、保育者にその気持ちを受け止めてもらいながら折り合いをつけていく経験が大切です。保育者が「かしてあげて」ということで、本人が納得していないにもかかわらず渡すのでは意味がありません。時間はかかったとしても自分の気持ちが済むまで、しっかりと気持ちに向き合うこと、そういった経験を保証することも保育者にとっての大切な援助といえるのです。写真7-10は、2歳児クラスの子どもが積み木やブロックなどを使って自由に遊んでいる場面です。膝の上にいるEくんは、保育者がそばにいてくれる中で、好きなブロックを大切そうに持って過ごしているようです。右側のFくんは、保育者に何か見てほしいようで、訴えかけていますね。クラス内の2人を見ていると、その遊び方は全く異なったものであることが理解できます。しかし、まだここでは保育者が介入することで2人の遊びが成り立っているのです。一方、Gくんは、友だちと一緒に積み木を並べる様子が見られます。保育者が見守っている中、友だち同士で遊びが成立しているのです。2歳ごろから少しずつ他児とのかかわりも増え始め、対保育者だった関係性が変わってきます。子どものその時の遊びに応じてかかわっ

写真 7-10　遊びを見守る保育者のまなざし

ていくには、普段のかかわりの積み重ねの中で、個人の**発達過程**や性格や特徴、他児との関係性を理解し、柔軟な対応が必要といえるでしょう。声をかけたり一緒にかかわることだけが保育者の援助という訳ではなく、見守るという行為もまた大切な援助なのです。

---

【演習 7-3】
① Eくん、Fくん、Gくん、それぞれの子どもの気持ちを考えてみましょう。
② あなたが写真の保育者の立ち位置だった場合、どのように対応しますか？

---

### （2）乳児の遊びを支える保育者のかかわり

　子どもは繰り返して遊ぶ中で、遊びの幅が広がるだけでなく遊びの質が深まっていきます。遊びの深まりと聞くと、少しイメージが湧きにくいかもしれません。たとえば 0 歳児がハイハイで移動している場面で、先生に後ろから「まてまて」と追いかけられる遊びを繰り返し楽しんでいたとします。その遊びが深まると、今度は追われるだけではなく、追う側に変わります。追う追われるの楽しさが基となり、繰り返し何度も遊びを楽しむなかで遊びが深まります。いずれはそういった遊びがしっぽ取りゲームや鬼ごっこなどに進化し、楽しさの質も変わっていくのです。一つの遊びの中でもその深まりが見えてくるのです。そこで保育者がどのようなかかわりをするかが、子どもの遊びを支える上では欠かせません。写真 7-11（p. 86）を見てみましょう。0 歳児クラスで今日は、小麦粉をつかって遊びます。I ちゃんは初めてみた小麦粉を保育者が触っている様子に注目しています。「これはなんだろう？」と少し緊張しているようで手を握り締めています。でも使ったことのあるスプーンはお気に入りのようで決して離しませんね。

　この後も I ちゃんはしばらくの間、保育者の様子を見つめていました。「面白いよ、ほら〜」と、小麦粉をパラパラと上からまいて笑って見せた保育者の様子に安心したようで、徐々に一緒に見ていた他児が触り始めました。

Iちゃん

写真 7-11　小麦粉遊び

　保育者の真似をして小麦粉を握ってまいてみる子や手を桶にいれてみて小麦粉の感触に触れて気持ちよさそうにする子も増えてきました。ここでもIちゃんはまだ先生や友達の様子をじっと見ています。でも、先程よりは表情が時々緩み、友達につられ、フッと笑っている姿も見られます。そばにいる保育者はIちゃんに「ほら見てごらん」と声を掛けますが、決して無理に触らせようとはせず、Iちゃんから触ってくるまではじっと見守っています。クラス内の他の保育者も同じように声は掛けますが見守っています。そんな安心できる雰囲気と、他児の楽しそうな様子につられて徐々にIちゃんの手が伸びます。

　写真 7-12、7-13 をみてみると……。

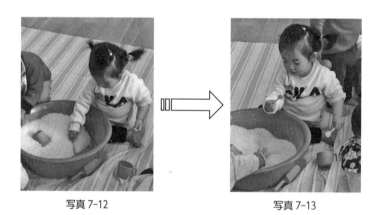

写真 7-12　　　　　　　　　　　　　　　　　写真 7-13

　スプーンを使って、小麦粉をすくってみる姿が見られました。Iちゃんなりの「やってみよう」という勇気が必要だったようです。その「やってみようかな」という気持ちがそがれないよう、先生たちがじっと気持ちが整理できるのを優しいまなざしで見守っているのがとても印象的でした。

　さらにその後は、他児と先生と一緒にじょうごからすべり落ちる小麦粉をスプーンですくったり、先生に作ってもらった小麦粉のお団子を大切そうに持って歩き回ったりと、思

いが後から溢れてくるように最後まで楽しんでいた I ちゃんでした。主体的な活動を引き出そうとした時につい声をかけがちになってしまいそうにもなりますが、あえて声をかけず子どもの意欲の芽生えを待つという援助が時に子どもの意欲をそっと育て、伸ばしていくきっかけになることを忘れないようにしておきましょう。

---

**【演習 7-4】**

① I ちゃんの最初の気持ち・小麦粉を触りはじめた時の気持ち・慣れてきて遊び始めた時の気持ちを考えてみましょう。

② I ちゃんの気持ちの上でどのようなきっかけがあったと思いますか？

写真 7-14

---

 **第 6 節　3 歳未満児の発育・発達を踏まえた遊びと援助の実際**

### （1）0 歳児の発達を踏まえた遊びの援助

#### 1）0 歳児の発達

　0 歳児クラスをのぞいてみると、仰向けで寝ている状態の子どもから歩いている子どもまでいます。寝返りをしている子どもと歩いている子どもに対してのかかわりは同じでよいのでしょうか。運動発達面でいうと、生まれてからおおよそ 1 歳 3 か月頃までに、首すわり、寝返り、おすわり、ハイハイ、つかまり立ち、伝い歩き、一人歩きなど著しく成長します。言葉の発達においても、機嫌がよいときに喉の奥を鳴らすような**クーイング**と呼ばれる音声から、「アーアー」のように母音を繰り返す喃語、子音と母音を組み合わせた喃語を発するようになり、1 歳を迎える頃には、「マンマ」など意味のある言葉、一語文を話すようになります。まだ言葉を発することが難しい時期においても、周囲の人からのほほえみをじっと見つめ、ほほえみ返すというコミュニケーションが成り立ちます。生後 7 か月頃には、よくお世話をしてくれる人とそうでない人の区別がつき、特定の相手に対してのほほえみに反応し、自分からも働きかけるなど、情緒的な絆がより結ばれていきます。生後 8 〜 9 か月頃になると、自分と他者、自分とものという二項関係から自分ーものー他者の**三項関係**へと移行します。ものを介して他者とやりとりすることが可能になり、ものを受け渡す遊びや指差しが盛んにみられるようになっていきます。このように、生まれて

最初の一年はとくに、運動機能や知覚機能が著しい発達をとげ、特定の大人との情緒的な絆を深めることが大事な時期であることを理解し、子ども一人一人に合わせてかかわることが必要でしょう。

### 2）0歳児の遊びと援助の実際

発達表の0か月から11か月（p.44〜55参照）を参考にしながら、0歳児クラスの遊びと援助について考えていきましょう。

### 全身を使った遊びと保育者の援助

- **仰向けで寝ている子どもの場合**

  子どもから見える位置にかかわりたくなるものを置くことで、寝返りや腕をのばす行為が引き出されます。

- **ハイハイの場合**

  ハイハイの動線にかかわりたくなるものを置くことで、自然に子どもからはう姿がみられます。このように、それぞれの子どもの姿勢に応じたおもちゃの位置を考えて遊びに誘うことは、自ら体を動かしたくなる意欲が育つような配慮につながります。

- **ハイハイからおすわりへ**

  這う経験を通して体幹が育ってくると、ハイハイからおすわりの姿勢へ、おすわりから這う姿勢へ姿勢変換することができるようになります。

- **つかまり立ち、一人歩きの時期**

  重心移動をする遊びが増え、箱の中に入る、出る、ものを押す、引く、押し歩くという遊びを楽しみます。つかまり立ちや歩行が確立する時期は転倒することが多いので、段差や床、棚等に配慮し、危険のないようにしましょう。

ハイハイ

### 指先を使った遊びと保育者の援助

おすわりをするようになると、座った姿勢で両手を自由に使う遊びが増えてきます。片方の手に持っているおもちゃをもう片方の手に持ちかえることや、素材の感触を確かめるようにおもちゃをなめる、かむ、しゃぶる行為がみられます。

- **おすわりの時期の援助**

  まず、おすわりの姿勢ができるようになったからとはいえ、長時間座ったままの姿勢にならないように気を付けます。おすわりの姿勢から腹ばい姿勢になることが難しい時にはとくに、保育者が姿勢変換を意識するようにします。また、おすわりの姿勢が安定せず、背中か

ら倒れることもあるため、はじめのうちはロールクッション等で背中側から体を支えるようにすると良いでしょう。おすわりが安定してくると、体をねじって横や後ろにあるおもちゃをつかめるようになるため、子どもが自分でつかめる大きさ、形のものを準備しましょう。

おすわり

・おもちゃの種類

　おもちゃは、つまむ、ひっぱる、出すなどの探索行為がみられるものを準備します。たとえば、布はつかむ、ひっぱる、振るなどさまざまな行為を引き出すことができるものです。ティッシュなど箱の中から出す行為を楽しむ時期には最適です。また、チェーンはつかんで振ると音がなります。布とは感触が違い、さまざまな種類の素材に触れることでそれぞれの素材の性質を確かめていきます。

　おもちゃを口に入れることもあるので、こまめに消毒をすることや、口の中に入る小さいサイズの遊具は常設しないことを意識しましょう。

　つかまり立ちや一人歩きをする頃には、立った姿勢を維持しながらポットン落としなどの壁面遊具で遊ぶことを楽しみます。保育室の空間を利用し、複数の壁面遊具を設置しましょう。

写真 7-15　ひっぱる

写真 7-16　ポットン落とし

## 人とふれあう遊びと保育者の援助

　保育者が話しかけたり歌ったりすると、保育者の口元をじっと見ることや、ほほえむ姿がみられます。また、自分の意思や欲求を、音声や身振りを使って伝え、保育者がそれに応えることでコミュニケーションが成り立ち、信頼関係が結ばれていきます。保育者は、子どもの視線や表情、発していることに注目し、優しく言葉をかけ、応答的にかかわることが大切です。

- **いないいないばあ** (p. 65 参照)

　生後9〜10か月頃になると、いないいないばあを自ら行い、布で顔を隠した後に、"ばあ"と顔を出すことを繰り返し楽しむ姿がみられるようになります。「布で隠れているけれど、きっとそこには保育者がいるだろう」と予想をし、予想通り大好きな保育者が現れた時にはにっこり笑顔になります。「本当にいるかな？」という緊張と「やっぱりいた！」という緩和を味わいます。

　子どもは、予想をして確かめることや緊張と緩和を感じることなど、いないいないばあを通してさまざまな経験を積み重ねていきます。保育者は子どもが満足するまでいないいないばあを繰り返し、その楽しさや喜びを共感しましょう。

- **ものを介してのやりとり**

　ものを介してのやりとりでは、「ちょうだい、はいどうぞ」と、ものを渡すことや受け取ることを楽しみます。指差しでのやりとりも盛んになるため、子どもの指差しに注目し、伝えようとしていることを言葉にしてやりとりを深めていくことを意識しましょう。この時期には、動物など身近なものの写真を壁に貼ることや、発語や指差しにつながる絵本を準備する工夫ができます。子どもと話をする時は、保育者の口の動きが見えるように子どもの正面から話しかけ、ゆっくり丁寧に一つ一つ言葉を伝えるようにしていきましょう。

指差し

## 3）0歳児クラス…一日の生活の中の遊び

　0歳児のデイリープログラム (p.79) を見ると、登園後それぞれ自由に遊んでいることが分かります。では、生活と遊びの考え方のポイントをみていきましょう。

### ① 朝のおやつ後の遊び

　主な活動として設定保育の時間があります。設定保育といっても、皆が一斉に同じ遊びをするわけではありません。保育者と1対1で絵本をみてゆったり過ごす子どももいれば、ハイハイでクッションの上を乗り越える遊びをしている子どももいます。歩き始めの子どもは歩くことが楽しくてしかたがありません。歩くということを存分に楽しみ、時には、戸外で太陽の光や風など自然を感じながら散策することを楽しみます。

### ② 設定保育

　設定保育の捉え方は園によってさまざまですが、個々に合わせた遊びを保障することが望ましいでしょう。乳児の生活リズムは月齢が低いほど個々により違いがあります。そのため、一人一人の生活リズムに合わせ、食事や睡眠、排泄以外の時間に部屋または戸外で遊んで過ごします。つまり、**基本的生活習慣**（食事・睡眠・排泄・清潔・衣服の着脱）を基

盤として遊びが展開されるということです。

### ③ 保育室内のスペース

　保育室内には、食事スペース、午睡スペース、遊びスペースがあり、時間によって遊びスペースが午睡スペースになることもあります。生活リズムや個人差が大きい場合ほど、複数のスペースが同時に使われ、保育室内の柔軟な環境構成が求められます。

### ④ 24 時間の生活を視野に入れた日課づくり

　保育者は、子どもの 24 時間の生活を視野に入れて日課を考えてかかわり、子どもたちの成長とともに日課を見直しながら、柔軟に対応していくことも大切です。子どもの発達を支えるだけでなく、時にはゆったりくつろぎ安心して過ごすことができる環境を整えることも必要です。畳やクッション、マットを使用し、遊びと休息のバランスをとり、保育者自身ゆったりとした気持ちでかかわるようにしましょう。

### 4）0 歳児クラスでおすすめしたいわらべうた・絵本

わらべうた
　いちり
　このこどこのこ
　チョチ　チョチ
　こっちのたんぽ
　コーブロ
　うまはとしとし

このこどこのこ

### 「♪このこどこのこ」

　抱っこをした状態で左右に体を傾けながら揺れる動きをするわらべうたです。少し高めの声で「このこ　どこのこ　かっちんこ」とゆったりとうたいながらくり返し、揺れることで心地よさを感じます。歩く時期には、子どもと向かい合って両手をつなぎ、左右に体を傾けて揺れる動きを楽しむことができます。このように、一つのうたでも、子どもの姿に合わせて楽しむことができるところがわらべうたのよさの一つです。

### 「♪チョチ　チョチ」

　いないいないばあの要素を含む遊びです。はじめは保育者の顔が隠れた後に再び顔が出てくると、不思議そうな顔をする子どもですが、何度もくり返すうちに、大好きな保育者の顔が隠れた後に現れることがうれしくまた楽しくなります。簡単な動作のくり返しのため、保育者の真似をしながら、子どもも一緒にすることができるわらべうたです。

「♪うまはとしとし」

　うまはとしとしは、膝のせ遊びです。保育者が座って足を伸ばした状態で、子どもが保育者と向き合うようにして脚の上に乗ります。「うまはとしとし～♪」のリズムに合わせながら、保育者が膝を上下に揺らすと、子どもは自然と屈伸をする動きになります。リズムに合わせながら上下に揺れる心地よさを感じ、屈伸をすることやバランス感覚、足腰の力を育てます。

---

**絵本**

- もいもい／作：市原 淳　監修：開 一夫　ディスカヴァー・トゥエンティワン　2017
- じゃあじゃあびりびり／さく・え：まつい のりこ　偕成社　1983
- いない　いない　ばあ／ぶん：松谷みよ子　さく：瀬川康男　童心社　1967
- がたん　ごとん　がたん　ごとん／さく：安西水丸　福音館書店　1987
- でてこい　でてこい／さく：はやしあきこ　福音館書店　1998
- くだもの／さく：平山和子　福音館書店　1981

---

## （2）1歳児の発達を踏まえた遊びの援助

### 1）1歳児の発達

　歩行が可能になり、探索しながら身近な人や身の回りのものに自発的に働きかけていきます。指差しや身振り、表情に加え、簡単な言葉でのやりとりもできるようになります。目の前にないモノやコトを別のものに置き換えて表現する**象徴機能**（p.68参照）が発達し、人とのかかわりが深まっていきます。保育者は子どもが伝えようとしている姿に注目し、子どもが発している言葉をくり返し、応答していくことが大切です。うまく言葉にならないこともありますが、前の行動、遊びのつながりから考えることや毎日のかかわりを手がかりにすると理解できることもあります。

　たとえば、次のような場面を想像してみましょう。

　子どもが保育者のもとへお手玉を持って来て、保育者に渡したとします。子どもはそのお手玉で何をしたいのでしょうか……。

　ままごと遊びで食べ物に見立てたものを差し出したのかもしれませんし、台の上に並べる遊びをしていて、何か手伝ってほしくて保育者のそばに来たのかもしれません。または、他の子どもと保育者がお手玉を使った遊びをしているところを見て、自分も同じようにしたくてお手玉を持ってきたのかもしれません。子どもがどこで誰とどのような遊びをしているか観察しておくと、伝えたいことを予測することができるのです。その場その場でのかかわりだけでなく、遊びのつながりを意識し、広い視野で理解していくようにすると良いでしょう。

## 2）1歳児の遊びと援助の実際

　発達表の 1 歳前半（p.56）、1 歳後半（p.57）を参考にしながら、1 歳児クラスの遊びと援助について考えていきましょう。

### 全身を使った遊びと保育者の援助

歩行

・1歳前半

　何かにつかまることなく一人で立ち上がり、手を支えると歩き始めることから、自分一人で歩く姿がみられるようになります。この頃、押し箱を押しながら歩くことや、押したり引いたりと全身を使って遊ぶことも楽しみます。子どもにとって歩くこと自体が楽しい時期のため、歩くための空間を保障することや、床に落ちているもので転ばないようにし、環境を整えましょう。

　また、歩く楽しさを言葉や仕草で共感し、子どもの"歩きたい"という意欲を高めていくようにしましょう。楽しみながら自然と歩行が安定するように、押し箱や引き遊具を準備する工夫も必要です。時には、マットやクッションを組み合わせて構成した、不安定なマットの上を歩き、足裏の力や体の支え方、重心のとり方を知る経験ができるような遊びも設定します。

・1歳後半

　小走りや後ずさりをすることや、台の上など高いところに登ろうとする姿がみられます。段差からとびおりることもできるようになります。また、歌のリズムに合わせて歩くことも楽しみます。この時期は、歩行が安定してくるものの、バランスを崩して転倒することがあるため、子どもの動きを予測し、すぐに支えられる位置で見守ることや、床の上にけがにつながるものが落ちている場合には、拾う等の配慮をします。歌のリズムに合わせて歩く遊びは、バランス感覚を育てることにつながるため、保育者から積極的に誘っていきましょう。

### 指先を使った遊びと保育者の援助

　積み木をつかんで握ることができるようになり、積み木を両手に持ち打ち合わせる遊びや、積み木を 3 個程度積む遊びをするようになります。また、入れたり出したりの遊びをくり返し楽しむようになります。

・入れたり出したり

　生活場面で、箱の中のおもちゃを空になるまで出す行為や、ティッシュペーパーを次々に引っ張り出す姿が見られるようになる時は、入れたり出したりのおもちゃが必要であるサインです。

① 準備物

入れたり出したりの遊びでは、入れものと入れるものを準備します。たとえば、容器は入れもの、チェーンは入れるものです。入れものには口と底があります。チェーンを入れると、チェーンは容器の中におさまります。そのことから、底のある容器にものを入れると保存できることを知ります。

② 子どもの育ちを支える工夫─入れもの、入れるものの大きさや素材

チェーンをどんどん入れていくと、容器からあふれ出てしまいます。容器には大きさがあり、そこに入る量が限られていることを知っていきます。また、容器の口の大きさによってはチェーンが入らないこともあります。何でも入れられるわけではなく、入れものと入れるものの大きさを考えなければならないのです。

さらに、チェーンを入れる時には、目と手を協応させ、集中しなければなりません。無事に容器の中に入った時には、緊張が緩み、緊張と緩和を経験します。入れる、出すという行為は単純なようですが、その行為の中で、"こうすればこうなる"ということに気づき、ものの性質を知っていくのです。この時期には、十分な量の同じ種類の入れものと入れるものが必要です。また、発達に合わせた入れものと入れるものを準備することも大切です。たとえば、透明で中に入っているものや状態を確認できるもの、色付きで中身が見えないもの、高さの低いもの・高いもの、口の大きいもの・小さいものなどを準備します。入れるものは、長さの工夫や、形が変形するもの、手触りの違うものなど工夫することで、子どもの姿に合わせた遊びを提供することが可能になります。

写真 7-17　チェーンの入れたり出したり

写真 7-18　番号札おとし

## 人とふれあう遊びと保育者の援助

### ・お世話遊び

人形に愛着をもち、優しく抱っこをして出かけることや、布団に寝かせ布をかけること、ミルクをあげる等の行為がみられるようになります。自分が大事にされているように人形にも優しく接します。子どもは、人形を丁寧に扱い、優しく抱っこしたり寝かせたりする保育者の姿をみて、真似をしていきます。子どもが人形に布団をかけている時に、「あかちゃん、ねんねしているね」「やさしくおふとんをかけてあげたね」など、子どもの行為を言葉にしていくことで、その姿を尊重していきましょう。

・再現遊び

　コップを口元に持っていって飲む真似をする再現遊びを楽しむ頃は、「食べる」「飲む」真似など、簡単な仕草や会話をしながら楽しめるようにします。また、積み木を耳にあてて電話をする見立て遊びをする姿がみられる頃には、見立てられるようなシンプルな形のものを準備し、子どもが経験とつなげてイメージし表現しているものを言葉にするようにしましょう。たとえば、赤いお手玉は、いちご、トマト、りんごなどの食べ物になります。白いチェーンはどうでしょう。ご飯やうどんなどになります。はじめはただの赤いものや白いものが、保育者の「あかくておいしそうないちごね」「○○ちゃんがつくってくれたうどん、あったかくておいしい」などの言葉によって、具体物になっていきます。そのような保育者とのやりとりをくり返し、次第に子ども自身が、「はい、いちご」「つるつる、どうぞ」と発信していくようになります。見立て遊びは、食べ物だけではありません。ガムテープの芯は、足首に通すと靴になります。靴をはいてバッグを持つと、おでかけ遊びの始まりです。お出かけをする時には、「いってらっしゃい」「おかえり」など簡単なやりとりをしながらイメージが広がるようにしましょう。

積み木のでんわ

飲む仕草をする

写真7-19　食べものに見立てたお手玉

## 3）1歳児クラスでおすすめしたいわらべうた・絵本

わらべうた
　おてぶし　てぶし
　ずくぼんじょ
　ももや
　かんてきわって
　トウキョウト
　アシ　アシ　アヒル
　トノサマ　オチャクザ
　オスワリヤス

アシ　アシ　アヒル

わらべうたは、無理のない音階で覚えやすいものが多く、保育者はもちろんですが、子どもも真似して口ずさめるものがほとんどです。

「♪トウキョウト」

　手の平、手の甲をつまんだりたたいたりする動作から、最後はくすぐる動作が待っている遊びです。子どもは、くすぐられる楽しさを期待します。子ども自ら手を出し、「もう一回してほしい」ということを伝える姿がみられる遊びです。

「♪アシ　アシ　アヒル」

　保育者の足の上に子どもが乗るようにし、「アシ　アシ　アヒル♪」のリズムに合わせて、保育者は後ろに下がり、子どもは前に進んでいきます。子どもの様子をみながら、子どもの歩くペースに合わせて進んでいきます。歩行が安定してきた頃とくに楽しい遊びです。

---

**絵本**
- きんぎょがにげた／作：五味太郎　福音館書店　1982
- だるまさんが／さく：かがくい　ひろし　ブロンズ新社　2008
- やさいのおなか／さく・え：きうち　かつ　福音館書店　1997
- おつきさまこんばんは／さく：林　明子　福音館書店　1986
- もこ　もこもこ／さく：たにかわ　しゅんたろう　え：もとなが　さだまさ　文研出版　1977
- くっついた／さく：三浦太郎　こぐま社　2005
- おふろでちゃぷちゃぷ／ぶん：松谷みよ子　え：いわさき　ちひろ　童心社　1970

---

## （3）　2歳児の発達を踏まえた遊びの援助

### 1）　2歳児の発達

　歩くことに加え、走る、跳ぶなどの運動機能が発達し、指先の動きが器用になってきます。食事、排泄、着脱など身の回りのことが身についていく時期でもあります。全身や指先を使った遊びを取り入れることは、食事の時の姿勢や自分で食具を使い食べること、着脱時の体の使い方や指先の動きなどにつながっていくため、生活と遊びのつながりを意識するようにしたいものです。自我の育ちとしては、「自分でしたい」という気持ちが芽生え、強く自己主張をするようになります。自分でしたい気持ちがあるものの、うまくできずにいら立ち、泣く姿もみられますが、子どもの姿に合わせて対応し、方法を知らせることや、"待つ"という姿勢が大切です。言葉に関しては、語彙が増加し、言葉で保育者や友達とのやりとりする姿が増えてきます。言葉を使って相手に気持ちを伝えることに喜びを感じ、保育者を基点としながらも、友達とのかかわりが増えていきます。見立て遊びや再現遊び、ごっこ遊びが盛んになってくるのもこの時期です。

電車ごっこ

ボール遊び

### 2）　2歳児の遊びと援助の実際

　発達表の 2 歳前半（p.58）、2 歳後半（p.59）を参考にしながら、2 歳児クラスの遊びと援助について考えていきましょう。

#### 全身を使った遊びと保育者の援助

　両足ジャンプをすることや、転ばずに走ることができるようになり保育者と追いかけっこをすること、線の上を歩く、ボールを頭の上から投げる等の遊びを楽しみます。この時期には、走る、ジャンプする、くぐる、のぼる、またぐ、ぶら下がるなど、さまざまな体の使い方を経験する遊びに誘っていきます。ボールや高さのある台、フラフープ、鉄棒などの遊具を準備して遊びを設定し、子どもが興味をもって体を動かす遊びをすることを意識しましょう。外遊びと室内遊びでできることを考え工夫する必要があります。

#### 指先を使った遊びと保育者の援助

　指先の力を調整し、スナップボタンはめや、ファスナーの上げ下げなど、指先を使った細かい遊びをするようになります。その他、型はめ、なぐり描き、ブロック、パズル、ひも通し、砂で型抜きをするなどの遊びをします。積み木を高く積むことや横に並べること、手首をひねる遊びやものとものをつなげる遊びも楽しみます。この時期は、さまざまな手指の動きを経験し、指先の力を調整しながら遊ぶものを用意し、遊び方のモデルを示して、子どもが興味をもてるようにすることが大切です。衣服の着脱など身の回りのことが身

積み木を高く積む

に付いていく時期でもあるため、ボタンやファスナーなど衣服の着脱につながるものを、机上遊具や壁面遊具、人形の服、遊び用の服など遊びの中で経験できるよう準備していくことが求められます。

<u>人とふれあう遊びと保育者の援助</u>

　友達の名前を覚えて呼ぶことや、友達と遊びのイメージを共有し、お世話遊びやごっこ遊びをすることが盛んになります。

---

・ごっこ遊び

　友達とやりとりすることを楽しむことが増え、おふろごっこやお店屋さんごっこなどのごっこ遊びの中で、友達と簡単な言葉でやりとりする姿がみられます。また、簡単なルールのある遊びをするようになります。保育者は、子ども同士がものを介してやりとりし、またふれ合い遊びをし、友達と一緒に遊ぶことの楽しさを感じられるようにします。

・ごっこ遊びに必要な道具

　おふろごっこであれば、シャンプー容器や洗面器、タオル、布、体ごと入ることができる大きさの箱など、必要な道具を準備します。その他のごっこ遊びでも、必要な道具を準備しておくと遊びが展開していきます。イメージを膨らませながら遊ぶ楽しさや、友達同士でイメージを共有してやりとりする楽しさを感じられるように、はじめのうちは保育者が遊びを展開していくとよいでしょう。

・ものの性質、特徴を認識する

　色の区別やものの長短を認識する時期には、色や形の違いを認識しやすいものを準備します。子どもが気付いたことから色や形の名称、「長い」-「短い」、「いっぱい」-「少し」、「大きい」-「小さい」などの長さや量、大きさの比較を言葉にして知らせていくようにしましょう。

---

3）　2歳児クラスでおすすめしたいわらべうた・絵本

　3歳未満児でのわらべうたは、月齢が低いほど、保育者と1対1ですることが基本になります。十分に気持ちが満たされ、他者にも興味を示す頃になると、子ども同士への関係へと広がっていきます。

## 「♪せんべ　せんべ」

　お手玉を並べて、「せんべ　せんべ　やけた」のリズムに合わせて順番にお手玉を指していきます。せんべが焼けた後には、「はいどうぞ」と保育者や友達に渡して食べる真似をし、やりとりを楽しむことができます。

## 「♪ここは　てっくび」

　わらべうたに合わせ、保育者が子どもの手首や手のひら、指に触れていく遊びです。以下の①から③の順に行います。

　①手首をにぎる動作をする→②手のひらに触れる→③親指から順に指一本ずつをつまむようにして刺激する

　体の一部である手を使った遊びで、子どもは自分の手を刺激されることで、手に注目します。体の名称を知っていく機会にもなるわらべうたです。

## 「♪かご　かご」

　保育者と向かい合って立ち、手をつないで、重心移動をしながら左右に揺れる動きをします。最後の「どぶーん」のところは、手をつないだまま「どぶーん」のリズムに合わせて手を下におろしながらしゃがみます。はじめは保育者と一緒にしますが、慣れてくると子ども同士で楽しむことができるわらべうたです。相手の動きを確認し、お互いに手足の動きを合わせながら揺れます。布を使った遊び方もでき、二人で向かい合って布の両端を持ち、揺らすことを楽しみます。

---

絵本

- おにぎり／ぶん：平山英三　え：平山和子　福音館書店　1992
- サンドイッチ　サンドイッチ／さく：小西英子　福音館書店　2008
- あおくんときいろちゃん／作：レオ・レオーニ　訳：藤田圭雄　至光社　1967
- おでかけのまえに／さく：筒井頼子　え：林　明子　福音館書店　1981
- しろくまちゃんのホットケーキ／さく：わかやま　けん　こぐま社　1972
- パパ、お月さまとって！／さく：エリック＝カール　やく：もり　ひさし　偕成社　1986
- ぞうくんのさんぽ／さく・え：なかの　ひろたか　レタリング：なかの　まさたか　福音館
　書店　1977

# 第8章
# 3歳未満児の発育・発達を踏まえた保育における配慮

 第1節　集団での生活における配慮

## （1）集団と個への配慮―乳児の生活と遊びを踏まえて

　保育所等に入所している子どもは、日中活動している時間の大半を保育所等で過ごします。そのため、家庭と連携し、一日24時間の生活を視野に入れた保育を行うようにします。また、一人一人の生理的欲求を満たすことや、あたたかく丁寧なかかわりを通して、子どもが安心して興味関心のあるものにかかわっていくことができるようにすることが求められます。

　保育所は集団生活の場であるため、入所している子どもは保育者だけでなく複数の子どもたちと一緒に過ごします。保育者は、一人一人の生活リズムや発達面の把握をする必要があります。また、個々へのかかわりだけでなく、集団という特性上、月齢差や個人差のある子どもたちがいるクラス全体の保育をどのように展開するかということも同時に求められます。

## ・保育者同士の連携

　前章（第7章）でも述べたように、「児童福祉施設の設備及び運営に関する基準第33章第2項」により保育士の数は、乳児おおむね3人につき1人以上、満1歳以上満3歳に満たない幼児おおむね6人につき1人以上とすることが定められています。たとえば、0歳児クラスに12人の子どもがいるとすれば、最低4人の保育士が同じ保育室で保育をします。では、12人の子どもと4人の保育士がいる0歳児クラスで、4人の保育士全員がずっと子どもと1対1でかかわっていたら、他の8人の子どもたちはどうなるのでしょうか。誰がおむつ交換し、一緒に食事をし、着替えを手伝い、睡眠の環境を整えるのでしょうか。あたたかいまなざしは向けられているのでしょうか。

　極端な話ですが、保育者が何も考えずに好きな時間に好きなように子どもとかかわっていたら、保育のプロではありません。子どもたちの日課を基本として保育を展開し、保育者同士動きの確認をし連携していきます。保育者は、保育室全体と目の前の子どもの両方を意識していきます。とはいえ、おむつ交換の時間など1対1でしっかりコミュニケーションをとる時間も大切です。また、遊びの中で子どもとじっくりかかわり信頼関係を築いていくことで、子どもは安心して自ら人やものにかかわり探索していきます。保育者自身が一日の生活に見通しをもち、適切なかかわりを考えていく必要があるでしょう。

## （2）保育者との関係を基盤とした子ども同士のかかわりへの広がり

　3 歳未満児、とくに乳児は、特定の保育者との間に形成された安心感を基盤にして、周囲のものに興味を示し、探索し、少しずつ自分の世界を広げていきます。保育者を介して他児への興味やかかわりも少しずつみられるようになります。0 歳児クラスでも、他児とのほほえましいやりとりがみられることが多くあります。以下の具体例をみていきましょう。

> 　保育者がトンネルの反対側にいる A ちゃんの名前を呼びながら、トンネルの穴をのぞいた時に、反対側から A ちゃんが顔をのぞかせて "ばあ" と言いながら笑い合うやりとりをしています。
> 　その微笑ましい様子をみていた B くんはその楽しそうな二人の姿をじっとみつめています。
> 　保育者は B くんの様子に気づき、「B くんものぞいてみる？」と言葉をかけます。
> 　B くんは、保育者の近くに行き、保育者と一緒にトンネルをのぞいてみます。すると、反対側から A ちゃんが顔をのぞかせました。B くんはうれしくなって保育者と顔を見合わせて笑います。

　このように、B くんの表情や視線から B くんの気持ちに気付いた保育者のさりげないかかわりで、子ども同士のやりとりが生まれました。

　他にも、泣いている子どもに対して月齢の高い子どもがその子どもの頭をヨシヨシと優しくなでる姿もみられます。一人の子どもが笑っているとつられるようにして声を出して笑い合うこともあります。

　楽しく笑い合うことだけでなく、時にはトラブルになることもあります。1 歳児クラス、2 歳児クラスでは、同じくらいの年齢の子どもと過ごす中で、自分の思い通りにいかないことがあることも経験していきます。**自我が芽生え**、自分の気持ちを主張しますが、相手にも気持ちがあることを知ります。保育者に支えられながら自分の気持ちを相手に伝えることや、折り合いをつける経験をしていくのです。

## 【演習 8-1】　3 歳未満児クラスでの実習でよくある困りごと

　初めて 3 歳未満児クラスの担任になった時や、保育実習で 3 歳未満の子どもとかかわった時に、どのように対応すればよいか分からずに困ったということがよくあります。そこで、困りごとの事例をもとに対応について考えていきましょう。

## Ⅰ．0歳児クラスでの出来事

> 　遊びの中で、子どもが抱っこを求めてくることがあり、その気持ちに応えて抱っこをしました。抱っこをしている間は泣き止むものの、落ち着いた頃に下ろそうとするとまた泣き出してしまいました。その子どもとばかりかかわるわけにはいかないため、他の子どもともかかわろうとして抱っこから下ろすと泣いてしまい、どのようにすればよいか分からず困ってしまいました。

　このような経験はよくあることです。では、このような場合どうすればよいのでしょうか。子どもの気持ちと保育者側の気持ちを考えた上で、対応について考えてみましょう。

① 子どもはどのような気持ちでしょうか。

② 保育者はどのような気持ちでしょうか。

③ どのようなかかわり方が考えられますか。思いつくだけ書きましょう。

　このエピソードの場合、まずは子どもの気持ちとしては、「不安である」「そばにいてほしい」「かまってほしい」等、さまざまなことが考えられることでしょう。

　保育者の気持ちとしては、「抱っこをしてほしいという気持ちに応えたい」「抱っこからおろすと泣いてしまうので困る」「ほかの子どもとのかかわりもあるのでどうすればよいかわからない」などが想像されます。

　では、対応について具体的に考えていきましょう。まずは、十分に抱っこをしましょう。「不安な気持ちなのね」「抱っこをしてほしいのかな」等子どもの気持ちを言葉にして代弁し、受け止めることも大切です。

　次に、抱っこをしながら子どもの視線や表情、体の様子に注目してみましょう。子ども

が興味を示しているものは何か、体全体に力が入りすぎて
いないかなど、子どもの状態を知ります。体に力が入って
いる時には、優しく腕や足をさするようにし、リラックス
できるようにするとよいかもしれません。体に触れられる
ことを嫌がる子どももいるので、様子をみながら行います。

　おもちゃなど子どもが興味を示すものがあれば、保育者
の膝に座った状態で一緒に遊び楽しみます。遊びに夢中に
なってきたところで、さりげなく膝から床に座るような姿
勢にしていきます。子どもの背中が保育者の体の前側につ
いた状態で、保育者の足と足の間に座っているイメージです。いきなり膝からおろさない
ようタイミングをみて、床に座っている時も子どもの体の一部に触れているようにしてみ
ましょう。

　その後は子どもの隣に座り、遊びを通してかかわっていきます。その場から離れる時に
は、「○○に行ってくるね」「△△したらもどってくるね」など見通しをもてるような言葉
をかけ、離れた後も、子どもと視線を合わせられるように意識すると、子どもは「ちゃん
と自分のことをみてくれている」という安心感の中で過ごすことができるようになってい
きます。子どもとのかかわりの中で、どうしたらよいか分からずに困ったり焦ったりする
ことはたくさんあると思いますが、さまざまな方法を試しながらじっくりかかわっていき
ましょう。

## Ⅱ．3歳未満児で共通する経験

　子ども同士のトラブル、とくにものの取り合いの時にどのように対応したらよいか分か
らない……これは、保育実習の時や保育者になって誰しもが経験することでしょう。この
誰しも経験する「ものの取り合い」に焦点をあてて考えていきます。ものの取り合いとい
っても、どのような状況で起きたのか、自分たちで解決できるか、けがにつながるものな
のか等、さまざまな視点で考える必要があります。また、月齢によって対応が変わること
もあります。そこで、0歳児クラス、1歳児クラス、2歳児クラスそれぞれで考えていき
ましょう。

### 0歳児クラス

　Aちゃんは、お気に入りの人形を抱っこしたり、マットの上に寝かせたりして遊んでいま
す。たまたま近くで遊んでいたBちゃんは、Aちゃんが遊んでいる人形に興味をもち、マッ
トの上で寝ている人形を持って行ってしまいました。Aちゃんはお気に入りの人形を取られ
て大泣きです。

① Ａちゃんの立場で状況を整理しましょう。

② Ｂちゃんの立場で状況を整理しましょう。

③ ＡちゃんとＢちゃんの状況を理解した上で、保育者はどのように対応するとよいでしょうか。自分なりの考えを書きましょう。思いつくだけ書いてください。

④ ①から③について他者と意見交換し、話したことを書きましょう。

**１歳児クラス**

　お気に入りの場所で遊んでいたＡちゃん。そこへＢちゃんがやってきてＡちゃんの隣に座って遊び始めました。Ａちゃんは、その時一人でその場所を使用したかったようで、体の押し合いが始まりました。うまく言葉で伝えられないＡちゃんは、つい手が出てしまい、Ｂちゃんは泣き出しました（言葉で十分に伝えられない分、かんだり引っかいたりということもある）。

① Ａちゃんの立場で状況を整理しましょう。

② Ｂちゃんの立場で状況を整理しましょう。

③ ＡちゃんとＢちゃんの状況を理解した上で、保育者はどのように対応するとよいでしょうか。直接的なかかわりと間接的なかかわりを考えてみましょう。

**2歳児クラス**

　　自我が芽生えた2歳児は、自分が使っているものへのこだわりから「自分の」と主張する姿がみられます。先に遊具を使っていたＡちゃんが、ふとその遊具から手を離して少しの間その場を離れた時に、Ｂちゃんがその遊具を使い始めました。その後、その場に戻ってきたＡちゃんは「Ａちゃんの！」と怒り、取り合いが始まりました。

① Ａちゃんの立場で状況を整理しましょう。

② Ｂちゃんの立場で状況を整理しましょう。

③ ＡちゃんとＢちゃんの状況を理解した上で、保育者はどのように対応するとよいでしょうか。直接的なかかわりと間接的なかかわりを考えてみましょう。

## 第2節　子どもの心身の健康と安全

### （1）養護の側面

　保育所保育は、養護および教育を一体となって行うことを特性としています。養護は、子どもの「生命の保持」と「情緒の安定」を図るために保育者が行う援助やかかわりとされています。以下は、保育所保育指針第1章 総則 2養護に関する基本的事項 (2) 養護に関わるねらい及び内容の「ア 生命の保持」「イ 情緒の安定」のねらい部分です。

---

ア　生命の保持

　(ア)　ねらい

①　一人一人の子どもが、快適に生活できるようにする。

②　一人一人の子どもが、健康で安全に過ごせるようにする。

③　一人一人の子どもの生理的欲求が、十分に満たされるようにする。

④　一人一人の子どもの健康増進が、積極的に図られるようにする。

---

イ　情緒の安定

　(ア)　ねらい

①　一人一人の子どもが、安定感をもって過ごせるようにする。

②　一人一人の子どもが、自分の気持ちを安心して表すことができるようにする。

③　一人一人の子どもが、周囲から主体として受け止められ、主体として育ち、自分を肯定する気持ちが育まれていくようにする。

④　一人一人の子どもがくつろいで共に過ごし、心身の疲れが癒されるようにする。

---

　保育所は、子どもたちが快適に生活を送り、健康で安全に、生理的欲求が十分に満たされ、健康増進が積極的に図られるように保障された場であるということが確認できます。また、一人一人の子どもが大切にされ、安心して過ごす中で自分の気持ちを表現することができることや、くつろぐことができる場であるということを認識し、環境を整え、子どもたちとかかわることが大切です。保育所は家庭から離れて長時間過ごす場として、安全で安心できる場である必要があるのです。

　では、想像してみましょう。状況は異なるものの家庭と同様に、保育所で子どもたちは、食事や排泄、睡眠をとり、汗をかいた時や衣服が汚れたら着替えをし、食事前や手が汚れたときには手を洗って清潔にします。遊んでいる時に疲れたら、ほっと心を休められる空間があると、自然に休息をとり、また遊びに向かっていく子どもの姿が見られます。助けが必要な時は、自分を受け止めてくれる存在の保育者がいて、いつも見守ってくれています。意欲的に探索活動する場でもあり、保育者との信頼関係を基盤にして身の回りの環境

にかかわり自分の世界を広げていきます。そこには友達との出会いもあり、自分以外の同年代の子どもとのかかわりを深めていきます。

　子どもたちにとって保育所は集団生活の場であるからこそ、一人一人への配慮と、集団として過ごす際に気をつける必要のあることを意識し、集団と個を考えた空間づくりやかかわり方が大切です。

## （2）日常の保育における健康管理

　保育所保育指針「第 2 章 保育の内容」の「1　乳児保育に関わるねらい及び内容」と、「2　1 歳以上 3 歳未満児の保育に関わるねらい及び内容」それぞれの「(3) 保育の実施に関わる配慮事項」の一部分を以下に示します。

---

**乳児保育**

ア　乳児は疾病への抵抗力が弱く、心身の機能の未熟さに伴う疾病の発生が多いことから、一人一人の発育及び発達状態や健康状態についての適切な判断に基づく保健的な対応を行うこと。

ウ　乳児保育に関わる職員間の連携や嘱託医との連携を図り、第 3 章に示す事項を踏まえ、適切に対応すること。栄養士及び看護師等が配置されている場合は、その専門性を生かした対応を図ること。

---

**1 歳以上 3 歳未満児**

ア　特に感染症にかかりやすい時期であるので、体の状態、機嫌、食欲などの日常の状態の観察を十分に行うとともに、適切な判断に基づく保健的な対応を心がけること。

---

　これらをみると、心身の機能が未熟で感染症にかかりやすい 3 歳未満の子どもの特徴を理解し、日々の健康管理に努めることが重要であることがわかります。

　健康状態の把握は、さまざまな場面で行います。

### ・登園時

　登園時に保護者に子どもの様子を聞きながら、いつもと変わった様子がないかを確認します。連絡帳（p.141 参照）から情報を得ることもあるため、子どもたちの登園後には、連絡帳をチェックします。前日夜に熱があり、朝になったら下がっていたため、登園するというケースもあります。そのまま熱が上がらず元気に過ごす場合もあれば、熱が上がりぐったりした様子になることもあるので、意識してみておく必要があります。

### ・保育中

　保育中に、日々の姿との違いや変化で健康状態の異変に気づくこともあります。たとえば、顔色や表情、機嫌や動き、泣き方、食欲などです。気にかかることは、クラスの保育

士や看護師と共有し、クラス全体で把握するようにします。おむつ交換時や着替えを行う際には、子どもの全身状態を観察し、体調の変化や体の異変にすぐに気づくことができるよう日頃から意識していきましょう。

　また、保育所保育指針「第3章 健康及び安全」の「1 子どもの健康支援」「(1) 子どもの健康状態並びに発育及び発達状態の把握」に示されているように、発熱など子どもの体に異変があった時には、子どもの様子を的確に保護者に伝え、看護師が配置されている場合には、看護師と連携して対応をとっていくようにします。

---

ア　子どもの心身の状態に応じて保育するために、子どもの健康状態並びに発育及び発達状態について、定期的・継続的に、また、必要に応じて随時、把握すること。

イ　保護者からの情報とともに、登所時及び保育中を通じて子どもの状態を観察し、何らかの疾病が疑われる状態や傷害が認められた場合には、保護者に連絡するとともに、嘱託医と相談するなど適切な対応を図ること。看護師等が配置されている場合には、その専門性を生かした対応を図ること。

---

### （3）保育所における事故

　子どもたちは成長とともに、活発に探索活動を行い、行動範囲を広げていきます。少し高いところにも登ってみたいですし、広い場所で思いっきり体を動かしたいと思うのは自然なことです。ただ、子どもの予期せぬ行動がけがや事故につながることもあります。子どもの命を守るためには、保育者が日々の保育において、危険を予測しながら事故予防を図っていくことが必要です。また、以下の「第3章 健康及び安全」「3 環境及び衛生管理並びに安全管理」に示してあるように、子どもの主体的な活動を大切にし、必要な経験と、安全面の保障を行っていくことを心がけます。

---

(2)　事故防止及び安全対策

ア　保育中の事故防止のために、子どもの心身の状態等を踏まえつつ、施設内外の安全点検に努め、安全対策のために全職員の共通理解や体制づくりを図るとともに、家庭や地域の関係機関の協力の下に安全指導を行うこと。

イ　事故防止の取組を行う際には、特に、睡眠中、プール活動・水遊び中、食事中等の場面では重大事故が発生しやすいことを踏まえ、子どもの主体的な活動を大切にしつつ、施設内外の環境の配慮や指導の工夫を行うなど、必要な対策を講じること。

---

　プール活動・水遊び時の溺死や、食事中の誤嚥、遊んでいる時や何気ない生活の中での誤飲、窒息にはとくに気をつけ、安全な環境を整えていくようしましょう。

　睡眠時の事故予防にも努めます。子どもの成長になくてはならないものの一つに睡眠が

あげられます。3歳未満児にとって、夜の睡眠だけでは必要な睡眠時間が確保できないため、園でも午睡の時間が必ず確保されています。その睡眠時に気を付けなければならないのが、窒息と**乳幼児突然死症候群（SIDS）**(p.80参照) です。乳幼児突然死症候群は、何の予兆や既往歴もないまま乳幼児が死に至る原因のわからない病気です。厚生労働省による乳幼児突然死症候群の発症率を低くするポイント3つ「1歳になるまでは、寝かせる時はあおむけに寝かせましょう」「できるだけ母乳で育てましょう」「たばこをやめましょう」のうち、保育所で実践できるものもあります。それは、寝かせる時にあおむけにすることです。睡眠中の配慮としては、5分から10分に1回程度、寝ている子どもの様子を観察し、記録をすることが大切です。観察時には、寝具が口や鼻を覆っていないか、姿勢や呼吸の状態、顔色はどうかなど細かくチェックします。

　同じ保育者が毎回チェックするのではなく、クラスの保育者全体で連携して行うようにします。うつ伏せ寝になっていないかだけでなく、いつもと違った様子がないか、体調面での変化がないか等、一人一人を観察し、保育者同士で必要なことを伝え合うようにしましょう。

### （4）災害への備え

　2017（平成29）年告示の保育所保育指針より、「災害への備え」に関する項目が追加されました。保育所保育指針第3章 健康及び安全 4 災害への備えでは、「(1) 施設・設備等の安全確保、(2) 災害発生時の対応体制及び避難への備え、(3) 地域の関係機関等との連携」に関することが記載されています。

　地震や火災などの災害は、いつどのような時に起きるのか予測しにくいものです。突然発生した時に対応できるよう、日頃から避難対策をしていくことが求められます。園の立地はどうか、園内のクラスの位置や子どもが過ごす場所はどのようなところか等園の状況を踏まえた対策が必要になります。まずは、園内の防火設備、避難経路等の安全性が確保されるよう、定期的に安全点検を行うことに加え、日常的に使用する遊具等の安全を確認するようにします。また、各園で災害に備えてマニュアルを作成し、定期的に避難訓練を行うようにします。

#### ・避難訓練

　避難訓練では、あらかじめ職員の役割を決めておき、協力して子どもたちを安全な場所へ連れていくことができるようにします。さまざまな災害を想定し、避難場所までのルートの確認や、どのような手順で外に出るか、子どもたちをどのように誘導するか等を決めておき、全職員が把握し共通認識のもとに行うことが大切です。3歳未満児クラス、とくに0歳児クラスでは、自分で移動することが難しい子どもが多いため、抱っこやおんぶをしての移動になる場合があります。確実に全員の子どもを避難させることができるよう、部屋を出る順番や最後に保育室に残っている子どもがいないか確認する人、名簿と合わせ

て人数把握をする人など、保育者同士連携して行います。また、日頃から避難時に必要な
ものを入れておくリュックを保育室内に準備しておき、定期的に中身の確認をするように
します。

# 第9章

# 「3歳以上児の保育」に移行する時期の保育

 第1節　3歳以上児の保育とのつながり―3歳以上児の保育内容との連続性

　前章（第2章 p.16）に示したように、保育所保育指針では、乳児保育の「ねらい」と「内容」は3つの視点からとらえられています。この3つの視点は、1歳以上3歳未満児の5領域、3歳以上児の5領域への連続性があり、乳児期からの学びの連続性を意識して保育をしていくことが求められます。以下は、「保育所保育指針 第2章 保育の内容」の乳児、1歳以上3歳未満児、3歳以上児の保育のねらい及び内容の「基本的事項 ア」の部分です（表9-1）。

　まず、乳児期における視覚、聴覚などの感覚や、座る、はう、歩くなどの運動機能の著しい発達から、歩く、走るなどの基本的な運動機能の発達、基本的な動作が一通りできるようになる3歳以上児の発達につながっています。基本的な生活習慣に関しては、3歳以上児の時期でほぼ自立するようになるとされています。保育者は、これらの特徴を理解し、適切なかかわりをすることが大切です。目の前の子どもの姿からその先の姿を見通してか

表9-1　ねらい及び内容　基本的事項

---

**乳児保育に関わるねらい及び内容**
(1)　基本的事項
ア　乳児期の発達については、視覚、聴覚などの感覚や、座る、はう、歩くなどの運動機能が著しく発達し、特定の大人との応答的な関わりを通じて、情緒的な絆が形成されるといった特徴がある。これらの発達の特徴を踏まえて、乳児保育は、愛情豊かに、応答的に行われることが特に必要である。

**1歳以上3歳未満児の保育に関わるねらい及び内容**
(1)　基本的事項
ア　この時期においては、歩き始めから、歩く、走る、跳ぶなどへと、基本的な運動機能が次第に発達し、排泄の自立のための身体的機能も整うようになる。つまむ、めくるなどの指先の機能も発達し、食事、衣類の着脱なども、保育士等の援助の下で自分で行うようになる。発声も明瞭になり、語彙も増加し、自分の意思や欲求を言葉で表出できるようになる。このように自分でできることが増えてくる時期であることから、保育士等は、子どもの生活の安定を図りながら、自分でしようとする気持ちを尊重し、温かく見守るとともに、愛情豊かに、応答的に関わることが必要である。

**3歳以上児の保育に関するねらい及び内容**
(1)　基本的事項
ア　この時期においては、運動機能の発達により、基本的な動作が一通りできるようになるとともに、基本的な生活習慣もほぼ自立できるようになる。理解する語彙数が急激に増加し、知的興味や関心も高まってくる。仲間と遊び、仲間の中の一人という自覚が生じ、集団的な遊びや協同的な活動も見られるようになる。これらの発達の特徴を踏まえて、この時期の保育においては、個の成長と集団としての活動の充実が図られるようにしなければならない。

---

かわり、必要な環境を整えていきます。

　また、p.111 の表 9-1 には記していませんが、基本的事項にはすべての年齢に共通して、保育所保育指針第 1 章の 2 に示された養護における「生命の保持」及び「情緒の安定」にかかわる保育の内容と一体となって展開されるものであることに留意が必要であるとされています。子どもの欲求を適切に満たしながら、安心して過ごし、子どもが自分から意欲的に活動していくよう支えていくのも、保育者の仕事の一つです。3 歳以降では、集団的な遊びや協同的な遊びがみられるようになりますが、保育者の存在は欠かせません。加えて、乳児期に大切にされた経験は、3 歳以降で仲間関係を作っていく時の基盤になります。そのことを理解し、乳児期から愛情豊かに、応答的なかかわりをすることの大切さを意識しましょう。

 第 2 節　3 歳未満児クラスでの移行

### （1）入園時の移行

　入園している子どもにとっての生活の場所は、大きく分けて家庭と園の 2 ヶ所です。登園から降園までの間、子どもたちは、自分のしたいことを思い思いに楽しみますが、はじめからそのような姿であったわけではありません。入園すると、家庭という生活基盤から離れ、保護者のいない場所ではじめて過ごすことになります。家庭から園生活への移行時は、不安でいっぱいの子どもたちです。ほとんどの日を日中園で過ごすようになるため、慣れるまでに時間がかかる子どもがほとんどです。不安な気持ちから安心して過ごせるようになるために、保護者やクラス内の保育者の連携は欠かせません。

### （2）年度途中の移行

　入園時だけでなく、年度の途中に移行を経験する子どももいます。たとえば、0 歳児クラスに 4 月生まれの子どもと翌年の 3 月生まれの子どもがいるとします。その二人の月齢差はほぼ 1 年です。年度の後半になってくると、4 月生まれの子どもは、一人で歩き段差を乗り越える等、体の動きが大きくなり、行動範囲が広がっていきます。型落としのような指先を使う遊びや再現遊び等も楽しい時期になっていきます。一方、3 月生まれの子どもは、ハイハイでの移動が基本で、保育室を探索し、色々なものに触れることが楽しい時期です。

　その二人の子どもの興味のあるものや、発達に合った遊具を同じ部屋に設定することには限界が出てきます。月齢差や個人差の大きい 0 歳児クラスであるからこそ、保育室内の環境やクラスの子どもの編成を見直すことが必要になっていきます。月齢が高く、0 歳児クラスでは遊びが物足りなくなっている子どもは、1 歳児クラスに移行するという対応をすることが可能です。月齢の高い子どもが数人いる時には、高月齢クラスと低月齢クラス

に分けることもできます。日々の子どもの成長に合わせ、家庭と連携しながらより良い方法を考えていきます。

### （3）新年度における移行

　3月の年度末から4月の新年度へ向けての進級に伴う移行です。クラス形態にもよりますが、基本的には0歳児クラスの子どもたちは1歳児クラスへ、1歳児クラスの子どもたちは2歳児クラスへ、2歳児クラスの子どもたちは3歳児クラスへ移行します。

 ## 第3節　環境の変化や移行に対する配慮

### （1）移行時の環境の工夫

　入園時の移行や、2歳児クラスから3歳児クラスへの移行は子どもにとってとくに大きな変化があります。

### 1）入園時における移行

　入園時は家庭と違う場所で、初めて出会う保育者や友達と過ごすことになり、大きな環境の変化があります。そのため、まずは保育室で過ごすことに慣れることから始めます。保護者の状況にもよりますが、短時間、親子一緒に保育室で過ごすことからはじめ、少しずつ保護者と離れて子どもと保育者が一緒に過ごす時間を作っていく「慣らし保育」をします。保護者の状況に合わせながら、食事までの時間→睡眠までの時間→おやつまでの時間→通常の登降園に合わせた時間というように、家庭から園への移行がスムーズにいくように工夫します。

### 2）2歳児クラスから3歳児クラスへの移行

　2歳児クラスから3歳児クラスへの移行について考えてみましょう。もちろん保育室は変わりますが、担任の保育者が変わることもあります。さらに、クラス内の保育者の人数も変わります。園生活自体には慣れているものの、新しいクラスでの生活にすぐに切り替えることは難しいものです。新しいクラスでの生活に期待と不安をもつ子どもに、少しでも負担のかからないように移行することが必要になります。

　具体的には、日々一緒に過ごしている進級前のクラス担任と、数名の子どもたちが進級先の3歳児クラスへ行き、新しい環境を体験するという工夫ができます。時間を区切り、グループごとに新しいクラスで過ごす経験をくり返していくと、子どもたちはその部屋に少しずつ慣れていきます。また、進級先のクラスにある遊具と同じものを進級前のクラスにも置き、遊ぶ環境を整える工夫もできます。さらに、進級した時に、進級前の遊具をいくつか置いておくこともできます。普段から慣れ親しんだ自分の好きな遊具があると子どもたちは安心します。子どもの姿に合わせながら最良の方法を考えて実践していきます。

## （2）クラス内外の保育者、保護者との連携

### 1）入園時

　入園時の連携としては、まず家庭の状況や子どもの様子を把握することから始めます。それまで一緒に過ごしていた子どもと、園にいる間は離れることになるため、不安を抱えている保護者もたくさんいます。保護者の気持ちに寄り添いながらコミュニケーションをとり、少しずつ信頼関係を作っていきます。保護者に対して、園での些細な子どものエピソードでも、「今日はこんなことがありましたよ」と話すとほっとした表情になる姿もみられます。保護者との会話の中では、子どもが好きなものや、食事の様子、睡眠時間や入眠・起床の様子などを聞いておくと、子どもとかかわる時の手がかりになることが多くあります。子どもの生活リズムを整えながら、子どもの好きなものからやりとりをし、関係づくりに励んでいきます。このように、親子ともに安心して園に来てもらえるような配慮が必要です。

### 2）進級時

　進級に向けての移行の時期には、進級前のクラス担任と進級先のクラス担任が話し合い、子どもの姿を伝え合うことや、進級先のクラスで過ごすためのスケジュール調整、クラスの環境設定を考える等、連携することが大切です。

**【演習 9-1】 2歳児クラスから3歳児クラスへの移行について**

　進級前のクラスが子ども20人、保育者4人の編成と仮定します。進級先のクラスへ移行するにあたり、どのような環境の変化があるのか、人的環境、物的環境で整理してまとめてみましょう。また、進級時の子どもの気持ちを考えて書いてみましょう。さらに、それらをふまえて保育者としてどのような配慮が必要であるか書きましょう。

① 環境の変化を整理しましょう

| 人的環境 | 物的環境 |
| --- | --- |
|  |  |

② 子どもはどのような気持ちでしょうか。子どもの立場で考えてみましょう。

③ ①と②をふまえて、保育者としてどのような配慮が必要か書きましょう。

④ 隣の人やグループ内で意見を共有しましょう。

## 【演習9-2】子ども同士のかかわりとその援助の実際

• 0歳児

　まだ話せない赤ちゃんは、どのようにコミュニケーションをとっているのでしょうか？

　10か月くらいの赤ちゃんに、「○○ちゃんはどこ？」「○○先生は？」と聞くと、保育室を見回し、その人を指差します。誰であるか認識しているのです。保育者との日々の生活の中で、他者に興味をもち、名前まで覚えているのです。

～ 0歳児の発達の特徴を書き出してみましょう～

　0歳児の赤ちゃんが2人（Aちゃん・Bちゃん）います。互いに近寄っていき、意識しているようです。どのような感情で相手を見ていると思いますか？

① Aちゃんはどのような気持ちだと思いますか？

② Bちゃんはどのような気持ちだと思いますか？

③ 保育者としてどのような言葉がけをしますか？

• 1歳児

　1歳児になると、自己主張が顕著になってきます。おもちゃを取り合ったり、噛みついたりとトラブルも日常的に発生します。これは、相手に興味を示していることでもありますが、トラブルは回避したいものです。保育者は、子どもから目を離さず遊びを見守ります。必要があれば、仲裁しなければなりません。

～1歳児の発達の特徴を書き出してみましょう～

| |
|---|
| |

　1歳児のCちゃんとDちゃん2人がおもちゃの取り合いをしています。だんだんヒートアップしてきて、Cちゃんが泣き出しました。Dちゃんは、知らんぷりで遊んでいます。

① Cちゃんはどのような気持ちだと思いますか？

| |
|---|
| |

② Dちゃんはどのような気持ちだと思いますか？

| |
|---|
| |

③ 保育者としてどのような言葉がけをしますか？

| |
|---|
| |

・2歳児

　2歳児の後半、3歳の誕生日を迎える頃になると、基本的生活習慣がほぼ確立され、自分のことは自分でできるようになります。言語で喜怒哀楽を表現することもできるようになりますが、その分トラブルも多いです。言葉で意思表示ができるようになりますが、相手の気持ちを汲むことはまだ難しい年齢です。

～2歳児の発達の特徴を書き出してみましょう～

　　2歳児の子ども3人（Eちゃん・Fちゃん・Gちゃん）がごっこ遊びをしています。最初は仲良く遊んでいたのですが、ごっこ遊びの役割をめぐってケンカが始まりました。それぞれやりたい役がありますが、誰も譲りません。次第に感情が爆発し泣き叫び始めました。

① Eちゃんはどのような気持ちだと思いますか？

② Fちゃんはどのような気持ちだと思いますか？

③ Gちゃんはどのような気持ちだと思いますか？

④ 保育者としてどのような言葉がけをしますか？

# 第10章

# 乳児保育における指導計画

 第1節　3歳未満児の指導計画

## （1）長期的な指導計画

　指導計画は、保育所の生活全体を見通した「**全体的な計画**」に基づいて、具体的な保育が適切に展開されるように作成されるものです。全体的な計画は、「保育所保育指針　第1章 総則 3保育の計画及び評価」において、保育の目標を達成するために、各保育所の保育方針や目標に基づき、子どもの発達過程を踏まえて、保育の内容が組織的・計画的に構成され、保育所の生活全体を通して、総合的に展開されるように作成されるものであると位置付けられています。全体的な計画は、入園から就学前までの保育所保育の全体像を包括的に示すもので、子どもの家庭の状況や地域の実態、子どもの育ち等長期的な見通しをもって各保育所がそれぞれ作成します。その全体像から具体的に保育を展開してくよう計画していくものが指導計画です。

　指導計画には、大きく分けると長期の指導計画と短期の指導計画があります。図10-1のように、長期の指導計画には主に、年間指導計画、期の指導計画、月の指導計画があり、子どもの発達を見通した計画として位置づけられています。各クラスの保育者が話し合い、年間の見通しをもった上で、期間の計画や月案を立てていきます。子どもの先の姿を見通して日々の子どもへのかかわりを考えていきますが、計画通りにいかないこともあるため、どの部分がずれているのか確認し、修正を行いながら柔軟に対応していくことが大切です。

**図10-1　指導計画の構造**
出典：岩﨑淳子・及川留美ほか『教育課程・保育の計画と評価―書いて学べる指導計画』萌文書林、2018年、
　　　小川朝子編著、亀崎美沙子・善本真弓『講義で学ぶ乳児保育』わかば社、2019年を参考に筆者作成

## （2）短期的な指導計画

　図 10-1 に示しているように、短期的な指導計画は、主に週案と日案のことを指します。長期的な指導計画からさらに具体的な子どもの生活に即した計画が短期的な指導計画です。日々の子どもの姿から必要な遊びや援助を考えて立案します。

## （3）指導計画の作成

## 1）指導計画の作成手順

　表 10-1（p.123）は 1 歳児の月間指導計画例です。基本的な作成の方法は、0 歳児でも 2 歳児でも共通です。表 10-1 を見ながら作成手順を確認しましょう。

① 子どもの姿の把握

　　生活や遊びの中で子どもたちに必要な経験が何かを考える際に、前月の子どもの姿からとらえていきます。子どもたちがどのようなことに興味を示しているのか、保育者や友達との関係はどうか、つまずいていることはないかなど、子どもの姿をとらえ、クラス内の保育者で振り返りをした上で計画していきます。

② 子どもの姿から具体的なねらいと内容を設定

　　子どもの姿からねらいを設定します。「ねらい」は、どのような子どもに育ってほしいかという方向性を示します。「内容」は、ねらいを達成するために、子どもに経験してほしいことを具体化した形で書きます。

③ 環境構成

　　子どもたちは、人やもの、場にかかわって生活しています。子ども自らがかかわりさまざまな経験を積み重ねていく環境、保健的環境や安全面が保障された環境を構成していくことは保育者の役割です。子どもに経験してほしいことが実現するよう、どのようなものを準備するとよいか具体的に考えていきます。ただし、保育者の押しつけにならないよう、日々の子どもの姿から柔軟に環境の見直しを行うよう意識します。

④ 保育者のかかわりや配慮

　　子どもの姿やねらい、内容から必要な子どもとのかかわりについて考えていきます。子どもの姿をさまざまな視点からとらえます。保育者の一方的なかかわりにならないよう注意し、ありのままの子どもの姿を受け止め、具体的な配慮点について記します。

⑤ 評価

　　計画し、実践したことはどうであったか振り返りを行います。「できた」「できなかった」という結果重視でとらえるのではなく、子どもにとってどのようなことが学びにつながったのかという視点でみていきましょう。また、保育者の見方やかかわりは適切であったかや、継続して取り組むことや改善することは何かなど、次につなげていくことを振り返り記します。

## 2）指導計画作成時に大切にしたいこと

「子どもの姿」「ねらい」と「内容」「環境構成」「保育者のかかわりや配慮」のつながりについて確認していきます。

表 10-1 (p.123) の 1 歳児 7 月の月間指導計画の、「子どもの姿」と「ねらい」「遊び」「保育者のかかわり・環境構成」を見てみましょう。

「子どもの姿」の文を一つ抜き出し、そこに関連する「ねらい」「遊び」「保育者のかかわり・環境構成」の中の文をそれぞれ書きだしてみましょう。

| (子どもの姿) |
| --- |
| (ねらい) |
| (遊び) |
| (保育者のかかわり・環境構成) |

違う箇所をもう一つ選び、書き出してみましょう。

| (子どもの姿) |
| --- |
| (ねらい) |
| (遊び) |
| (保育者のかかわり・環境構成) |

前月（前日まで）の子どもの姿からどのようなねらいを設定し、遊びと環境構成、保育者の配慮はどのように行っていくのか、計画面でのつながりを確認できましたか？日々の生活や遊びと計画が関連していることを意識しましょう。

### 3）月間指導計画を作成する

　「子どもの姿」「ねらい」と「内容」「環境構成」「保育者のかかわりや配慮」のつながりを理解した上で、月間指導計画を立ててみましょう。

　ワークシート（p.124）の**「子どもの姿」「ねらい」「遊び」「保育者のかかわり・環境構成」**の箇所を書いていきます。

① 0歳児、1歳児、2歳児、どのクラスの計画を立てるか考え、ワークシートに記入しましょう。

② 何月の月間指導計画にするか考えて記入しましょう。

③ その月の子どもの年齢を想定し、p.43〜59の発達表を参考にしながら、子どもの姿を想像しましょう。また、図書館の本などを参考にして、その時期の遊びを書き出しましょう。

〈遊び〉

|  |
| :-- |
|  |
|  |
|  |
|  |

④ ③で整理した遊びをワークシートの「遊び」の箇所に書き、その遊びに対しての保育者のかかわりや配慮点、環境構成の工夫についても書きましょう。

　記入したものを他者に見せて意見を聞き、反映させましょう。

表 10-1　1 歳児 7 月の月間指導計画例

| | 第 1 週 | 第 2 週 | 第 3 週 | 第 4 週（第 5 週） |
|---|---|---|---|---|
| 子どもの姿 | ・スプーンをもって自分で食べようとすることや、衣服の着脱など、自分でしたいという気持ちが高まっている。<br>・友達や友達がしていることに興味を示し、真似をして遊ぶことを楽しむ。時にはトラブルになることがある。<br>・保育者と一緒にリズムにあわせて体を動かすことを楽しむ。 | | ・汗を流した後に保育者に手伝ってもらいながら着替え、清潔になる心地よさを感じる。<br>・保育者や友達とのかかわりの中で簡単な言葉を発する。 | ・水遊びを行うため、とくに体調の変化をこまめに伝え合う。夏の感染症について共有し合い。<br>・衣服を準備してもらう際、吸湿性がよく着脱しやすい着替えは多めに準備してもらい、記名の確認をする。 |
| 週のねらい | ・保育者や友達とふれあい遊びを楽しむ。<br>・指先を使う遊びをする。 | | **低月齢** ← | **高月齢** ← |
| 遊び | ・興味のある本を保育者と一緒にみて、保育者の話を聞くことや絵をめくって絵を見ることを楽しむ。<br>・チェーンやペットボトルのふた、お手玉をさまざまな大きさ、形の容器に入れたり出したりする（目と手の協応）。<br>・同じような形や大きさの容器を十分に準備し、中に入れるもの（チェーン、ペットボトルのふた等）をさまざまな形や水の置き方を工夫する。<br>・水遊びでは、まずは水に慣れることから少しずつ進め、子どもの姿に合わせて水をすくう容器を提供し、楽しさを共有する。<br>・砂場の砂を触り、感触を楽しむ。<br>・水遊びの時に、手足で水の感触を楽しみ、水の心地よさを知る。<br>・保育者とわらべうた（もも、ずくぼんじょ、オスワリヤス、アシアシアビリ等）に合わせて体を動かすことを楽しむ。 | | ・絵本をみるときに、保育者の言葉を聞き、お気に入りの本を何度も読んでもらう。<br>・チェーンやペットボトルのふた、お手玉をさまざまな大きさ、形の容器に入れたり出したりする（形の認識）。<br>・同じ形の遊具を集める。<br>・砂遊びの時に、スコップで砂をすくい、容器に入れる。乾いた砂や濡れた砂の違いを知る。<br>・水遊びで、水の感触を楽しむ。<br>・わらべうた（もも、ずくぼんじょ、アシアシアビリ等）に合わせて体を動かす。<br>・人形を抱いて布団に寝かせたりするなど、お世話遊びをする。 | |
| 保育者のかかわり・環境構成 | ・子どもが興味を持っている絵本を知り、子どものペースに合わせて読み進める言葉にしていく。また、注目していることを言葉にしてみる。<br>・型はめやシール貼りをする際は、じっくり一人で集中でき、ゆっくりはっきりとした言葉で丁寧に伝え、子どもの反応に合わせてくり返す。<br>・子ども同士のかかわりで、自分の気持ちを相手にうまく（言葉で）表現できない時には、「―緒にしたかったの？」「先に使っていたみたい。困ったね。どうしようか」などと子どもの気持ちを代弁しつつ、子ども同士で解決していく方法を知らせていく。<br>・わらべうたやリズムに合わせて体を動かすことや友達とふれあう経験を通して、ふれあい遊びの楽しさと友達との距離感を学んでいけるようにする。<br>・ままごと遊びの道具を準備し、再現することやイメージを広げながら遊びを楽しむことをカバンに入れてお出かけする等、遊びと遊びがつながって<br>・体を使った遊び（動の遊び）と指先を使う遊び（静の遊び）のバランスを考え、どちらかに偏りがないようにする。 | | | |
| 保育者間の連携 | ・外遊びや水遊びの準備は、部屋の準備が重ならないようにする。<br>・食欲などの変化は子どもの様子を観察し、保育者同士、体調に合わせて食事を援助する。<br>・一人一人の子どもの育ちについて共通理解し、必要な遊びを提供する。子どもの姿から環境を見直す。 | | ・言葉をまねしている時には、ゆっくりはっきりとした言葉で丁寧に伝え、子どもの反応に必要なヤシール貼りをする際は、じっくり一人で集中できるようにし、<br>・水遊びの道具を準備し、作ったものをカバンに入れてお出かけする等、遊びと遊びがつながっていくことを意識した空間構成をする。 | |
| 心身の健康・安全への配慮 | ・暑さで体調を崩す子どもがいるため、健康状態を把握して対応できるようにする。<br>・服装の調節を行い、快適に過ごせるようにする。<br>・歩くことから走ることを楽しむ子どもの姿がみられるため、体を十分に動かすことができる空間を保障する。また、遊びで転倒して床に落ちて転倒することがないよう、安全面に気をつける。 | | ・暑さで体調を崩すことがあるため、体調管理に気をつけ、健康状態を把握して対応できるようにする。<br>・服装の調節を行い、快適に過ごせるようにする。<br>・遊具の散乱に転倒しないよう、遊具は拾い、床に落ちている遊具に気をつける。 | |
| 評価・反省 | | | | |

（筆者作成）

123

（　）歳児（　　）月指導計画

| 子どもの姿 | 週のねらい | | 遊び | 保育者のかかわり・環境構成 | 保育者間の連携 |
|---|---|---|---|---|---|
| | ねらい | | | | |
| 第1週 | 第2週 | 第3週 | 第4週（第5週） | | |
| | 低月齢 | | 高月齢 | | |
| | | 家庭との連携 | | | |
| | | 心身の健康・安全の配慮 | | 評価・反省 | |

124

**第2節 保育の実践と記録**

## （1）指導計画と保育の実際―個別的な計画

　3歳未満児の保育では、クラス全体の計画とは別に、個別的な計画を作成することが求められます。3歳未満児は、心身の発達が著しく、月齢差や個人差があるため、一人一人の子どもの姿に合わせた対応をしていきます。そこで、日々の子どもの姿をとらえ、必要な援助について記す子ども一人一人の計画が必要になるのです。個別的な計画を作成することについては、保育所保育指針に以下のように示されています。個別的な計画を作成することが、3歳未満児の指導計画の特徴ともいえます。

> **保育所保育指針　第1章　総則**
> 　3　保育の計画及び評価
> ⑵　指導計画の作成
> イ(ア)　3歳未満児については、一人一人の子どもの生育歴、心身の発達、活動の実態等に即して、個別的な計画を作成すること。
> 　(イ)　3歳以上児については、個の成長と、子ども相互の関係や協同的な活動が促されるよう配慮すること。
> 　(ウ)　異年齢で構成される組やグループでの保育においては、一人一人の子どもの生活や経験、発達過程などを把握し、適切な援助や環境構成ができるよう配慮すること。

### 1）個別的な計画の考え方

　これまでに述べてきたように、3歳未満児とくに乳児期の成長は著しく、クラスの子どもの月齢差や個人差に留意することが大切です。一人一人の育ちをとらえ、適切なかかわりをしていく上で、個別的な計画が必要になるわけです。

　ここで、同じクラスの同じ月に月齢が異なる子どもが一緒に過ごす保育所での生活をイメージするために、演習に取り組みましょう。演習を通して、個別的な計画の必要性について考えていきます。

【演習 10-1】 p. 43～59 の発達表の生後 6 か月未満の子どもと生後 11 か月の子どもの箇所を見て、それぞれの特徴をまとめましょう。

生後 6 か月未満

| 運動や言葉、遊び面 |
| --- |
|  |
| 生活習慣面 |
|  |

生後 11 か月

| 運動や言葉、遊び面 |
| --- |
|  |
| 生活習慣面 |
|  |

【演習 10-2】次に、保育者が配慮することについてみていきます。生後 6 か月の子どもに対してのかかわりと、生後 11 か月の子どもに対するかかわりが全く同じというわけにはいきません。

　p.43〜59 の発達表の生後 6 か月未満の子どもへの保育者の援助と、生後 11 か月の子どもへの保育者の援助の箇所を見て、それぞれの特徴をまとめましょう。生活習慣面に関しては、どのような援助をするとよいか自分なりに考えて書いてみましょう。

生後 6 か月未満

| 運動や言葉、遊び面の保育者の援助 |
| --- |
| |
| 生活習慣面の保育者の援助 |
| |

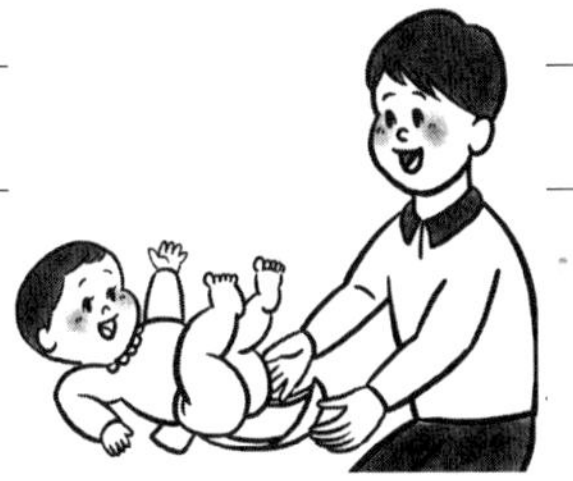

生後 11 か月

| 運動や言葉、遊び面の保育者の援助 |
| --- |
| |
| 生活習慣面の保育者の援助 |
| |

演習 10-1 と演習 10-2 から自分自身が気付いたことや考えたことを書きましょう。

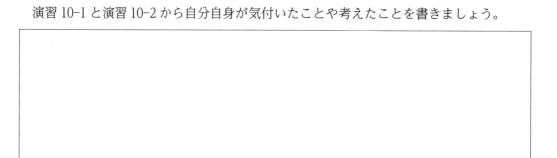

　演習 10-1 と演習 10-2 を通して、生後 6 か月の子どもと生後 11 か月の子どもの発達の違い、また、それぞれの子どもに対してのかかわり方の違いに気付いたことでしょう。

　上記で確認した月齢差だけでなく、同じ月齢であっても兄弟の有無や家族形態、家庭環境による違いも考慮しなければいけません。たとえば、保護者の就労の都合で、朝 7 時に登園し 19 時まで園で過ごす子どもと、朝 9 時に登園し 17 時に降園する子どもでは、生活リズムが違います。家庭で過ごす時間や就寝、起床の時間、朝食の時間は、それぞれ家庭の状況により異なります。それらのことを踏まえた上で、園での生活リズムを整えることや、かかわり方の工夫をしていくことになるのです。

## 2）個別的な計画の作成

　では、次に個別的な計画とは具体的にどのようなものなのかみていきましょう。表 10-2 の例で確認していきます。

　まず、指導計画を立てる際には、月間指導計画を立てる時と同様に、「子どもの姿」をとらえることから始めます。遊びや生活の中で子どもが何を感じ、どのようなことを楽しみ、また難しいと思っているのか、観察や子どもとの直接的なかかわりの中で把握していきます。次に、その子どもの先の姿を見通し、どのように育ってほしいかの方向性を「ねらいと内容」の箇所に書いていきます。子どもの状況によって保育者が配慮することや環境構成で工夫できることが変わってくるため、一人一人に合わせた対応を考えて計画を立てていきましょう。

　表 10-2 は、10 か月の子どもの個別的な計画の例です。生活面と遊び面の子どもの姿からねらいと内容を考えます。例では、生活と遊びそれぞれ一つずつねらいと内容を立てています。

## 「子どもの姿」と「ねらいと内容」

　「楽しい雰囲気の中で食事をし、自ら手づかみ食べをしようとする」という生活にかかわるねらいと内容は、「自分で食べたい意欲がある」という子どもの姿から設定しています。子どもの自分でしたいという気持ちを尊重し、楽しい雰囲気の中で食事が進むようなねらいになっています。

表 10-2　個別的な計画の例

| 名前：○○　○○　（　　0　歳　10　か月） | |
|---|---|
| **ねらいと内容** | |
| ・楽しい雰囲気の中で食事をし、自ら手づかみ食べをしようとする。 | |
| ・指差しや仕草などを通して保育者とのやりとりを楽しむ。 | |
| **子どもの姿** | **保育者の援助・配慮** |
| **生活**<br><br>・食事の時に、自分で食べたいという意欲があり、手づかみで食べ物をつかみ口元まで運ぼうとする。自分が食べたいものを指さしで知らせることがある。<br>・おむつ交換の時に、保育者の「おしりをあげるね」という言葉を聞き、足をあげる等、協力することがある。 | ・自分で食べようとする気持ちを尊重し、手づかみ食べをしている時は、様子を見守りながら援助する。子どもが見ているものや指さしたものを介助スプーンにすくい、口元まで運ぶようにする。また、スティック野菜など、一口量をかじりとる経験ができるような食材を準備する。<br>・おむつ交換の際に、次の行為を言葉で伝え、子どもが見通しをもてるようにする。目を合わせながら優しく言葉をかけ、1 対 1 でのコミュニケーションを図る。 |
| **遊び**<br><br>・棚や壁などにつかまり立ちをし、棚の上のものに触れる。つかまり立ちの姿勢からお座りへ姿勢変換することが難しいことがある。<br>・指さしをしながら伝えたいことを知らせようとする。<br>・穴あき容器の中に入っているチェーンや布を取り出すことをくりかえし楽しむ。 | ・つかまり立ちをしている時に転倒する可能性があるため、子どもの横側から手を差し出すことができる距離でかかわる。また、子どもが見ているものに注目して言葉にすることや、壁面遊具でしゃがむ行為を引き出すようなものを準備し、重心移動を体験できるようにする。<br>・子どもが伝えようとしていることを言葉にしてやりとりを楽しめるようにする。<br>・容器の中に入っているものを出す行為を楽しんでいる時は、満足できるよう十分な量の遊具を準備する。 |

　「指差しや仕草などを通して保育者とのやりとりを楽しむ」という遊びにかかわるねらいと内容は、主に「指さしをしながら伝えたいことを知らせようとする」という子どもの姿から設定されています。自分が見ているものや興味のあるもの等を指さしで知らせようとする姿が増えてきているため、指差しから生まれるやりとりや、バイバイ等簡単な仕草で楽しみながらやりとりすることを経験していくねらいと内容になっています。ねらいに直接つながっていない子どもの姿に関しても、これまでと今の子どもの姿から、どのような配慮が必要か考えながらかかわっていくことを心がけます。

### 「保育者の援助・配慮」

　子どもの姿、ねらいと内容を踏まえ、必要なかかわりや環境構成について考えます。具体的にみていくと、「棚や壁などにつかまり立ちをし、棚の上のものに触れる。つかまり立ちの姿勢からお座りへ姿勢変換することが難しいことがある」という姿と「つかまり立ちをしている時に転倒する可能性があるため、子どもの横側から手を差し出すことができる距離でかかわる。また、子どもが見ているものに注目して言葉にすることや、壁面遊具でしゃがむ行為を引き出すようなものを準備し、重心移動を体験できるようにする」という部分がつながっています。子どもの姿から必要な環境を整えることや、どのようなかかわりが必要かについて考え、具体的に行うことを記載しています。

　表 10-2 の個別的な計画の例は、0 歳児クラスを想定して書いていますが、1 歳児クラス、2 歳児クラスの個別的な計画を立てる際は、5 領域の視点が入ってくるため、それらを含

めた計画を作成すると、子どもが経験することや保育者の援助や配慮がより具体的になる
でしょう。

　表10-2（p.129）を見て、上記以外の箇所で「子どもの姿」と「保育者の援助・配慮」の
つながりが分かるところを見つけ、どことどこの文が関連しているか印をつける等して確
認しましょう。

**【演習 10-3】** 個別的な計画を書いてみましょう。

① 発達表の 0 か月から 10 か月まで（p. 44~54）の箇所を見て、生活面や遊び面の子どもの姿を想像し、個別の計画を書いてみましょう。まず、どの月齢の子どもの計画を立てるのかを決めて取り組んでください。

| 名前：○○　○○　（　0 歳　か月） | | |
|---|---|---|
| ねらいと内容 | | |
| | 子どもの姿 | 保育者の援助・配慮 |
| 生活 | | |
| 遊び | | |

記入したものを友達と共有して、意見をもらいましょう。

- 文の表現は正しいか
- 誤字脱字はないか
- 各項目のつながりはどうか、など

こまかく見ていき、色ペンを使って書き込んでもらうとよいでしょう。

② 修正する箇所を確認し、相手に伝わるよう、再度書いてみましょう。

| 名前：○○　○○　（　　0　歳　　か月） | |
|---|---|
| ねらいと内容 | |

| | 子どもの姿 | 保育者の援助・配慮 |
|---|---|---|
| 生活 | | |
| 遊び | | |

　個別的な計画を作成することはなぜ大切なのか、自分なりに考えたことをまとめましょう。

## （2）保育の振り返り

　指導計画に基づいて保育実践を行う中で、計画通りにいくこともあればそうでない場合もあります。目の前の子どもたちの反応と計画のずれが生じた時には、子どもとかかわる中で柔軟に対応していくことが必要です。午睡時間や子どもたちが帰った後などに、どのような部分でずれがあったのか、子どもたちの体調面や内面の動きはどうだったか等一日の保育を振り返ることで、客観的に保育者自身と子どものかかわりについて考えることができます。また、子ども同士の関係や遊びと遊びのつながり、環境構成はどうであったか等、さまざまな側面から考えることで子どもの理解が深まっていきます。

　その日の出来事を思い返すだけでなく、振り返りの内容を記録に残しておくことで、次の実践へ活かされます。計画とのずれについては修正し、次の保育につなげていきます。この、計画→実践→振り返り→再計画をくりかえし、P（Plan）-D（Do）-C（Check）-A（Action）の PDCA サイクルを意識して実践することが保育の質の向上につながっていくのです。

　日々の保育で精一杯になってしまうこともありますが、一日どのように過ごしていたのか振り返った記録は、子どもの育ちや経験の記録として残っていきます。

# 第11章

# 乳児保育における連携・協働

 **第1節　職員間の連携・協働**

　乳児保育の場合、1人で担任することはありません。「児童福祉施設の設備及び運営に関する基準」において、保育士の数は、0歳児3人につき1人、1歳・2歳児6人につき1人と人員配置基準が定められています（p.34参照）。年齢やクラス構成にもよりますが、基本的に複数の保育者で保育を行っています。

　乳児保育対象年齢のクラスでは、複数担任で保育を行いますので役割分担や連携・協働が重要であり不可欠です。

　では、どのような方法で連携・協働が行われているのか見ていきましょう。

## （1）複数担任の連携・協働

### 1）保育カンファレンス

　**保育カンファレンス**とは、保育者間で子どもへのかかわり等について検討することです。正解を求めるのではなく、多角的に子どもを見守り、より良いかかわりについて話し合います。1回で終わるのではなく、PDCAサイクルを活用し、継続的に検討します。

　保育カンファレンスでは、「気になる子」について話し合ったり、クラス運営や指導計画についての検討が行われます。多様な意見の中から、その子どもに合ったかかわり方を探っていきます。

　森上史朗は、保育用語辞典［第8版］で保育カンファレンスを以下のように解説しています。

---

　医療などとは違って、個人だけではなく、保育者や友だちとの関係的視点も重要になる。

① 1つの「正解」を求めようとせず、多様な意見が出されることによって、多角的な視点が獲得され、自分の枠が広がる。

② 建前でなく本音で話すこと。「共感」が大事であるということがわかっていても、共感できない自分があることをさらけ出す必要がある。

③ 先輩が若い人を導くということではなく、それぞれがその課題を自分の問題として考えていく姿勢をもつこと。

---

④ 相手を批判したり、優劣を競おうとしないこと。他人の意見が間違っていると感じた場合でも、それを良い方向に向けて建設的に生かす方向を大事にする。

　医療分野で行われるカンファレンスは、治療計画や術式等を決定しますが、保育カンファレンスは決定することより検討するという意味合いが重視されます。

　より良いかかわり方を繰り返し検討することで子どもの育ちを支えていきます。

## 2）ヒヤリハット

　好奇心旺盛な年齢の子どもたちが安全な空間で快適に過ごせるよう、保育所等では危険箇所がないように工夫されています。たとえば、机の角は丸くなっていたり、コンセントは子どもの手の届かない場所にあったりと、子どもに「危ないよ」と言わなくても良いように環境構成されています。

　しかし、小さな段差につまずいたり、友達とぶつかったりすることもあります。そのような時には、保育者間で情報を共有し改善するようにします。

　人は危険な目に遭いそうになって、はじめて「ひやり」としたり「はっと」したりします。それは人の主観です。**ヒヤリハット**とは、重大な事故に発展したかもしれない危険なできごとの『発見』のことです。

　図 11-1 は、1930 年代にアメリカのハインリッヒ氏が労災事故の発生確率を調査したもので、「1：29：300 の法則」ともいわれています。300 件のヒヤリハットは、29 件の軽微な事故・災害を防ぎ、1 件の重大な事故・災害を回避します。つまり、ヒヤリハットを発見することは、怪我や事故を防止するのです。

　ヒヤリハットを発見したら、以下の表 11-1 のようなヒヤリハット報告書を作成し、保育者全員で共有しましょう。ヒヤリハット報告書には、5W1H を意識して記載すると良いでしょう。

　園内の見取り図を使用し、どの場所でヒヤリハットがあったのか印を付けるヒヤリハットマップを作成して、保育者全員で周知し保育に活かすことが、危険を回避することにつ

**図 11-1　ハインリッヒの法則**
出典：H. W. ハインリッヒ・D. ピーターセンほか、井上威恭監修、一般財団法人 総合安全工学研究所訳『ハインリッヒ産業災害防止論』海文堂出版、1982 年

表11-1　ヒヤリハット報告書記入例

| When | いつ | ○○年○月○日○曜日　○○：○○頃 |
|------|------|--------------------------------|
| Where | どこで | りす組保育室 |
| Who | だれが | 1歳児りす組　Rくん |
| What | なにを | 保育室のドアに手を挟んだ |
| Why | なぜ | 急いで戸外に出ようとして |
| How | どのように | ドアは保育者が開ける |

（筆者作成）

ながります。ヒヤリハットを発見しても、PDCA サイクルで改善策を講じておけば、子どもたちは安心して園生活を送ることができるでしょう。

　保育者は、定期的に園内外の備品や固定遊具の点検を行い、安心安全な環境を整えています。

## （2）複数担任の役割分担

　**複数担任**の場合、主に保育を進めるリーダーと、リーダーをサポートするサブリーダーとで役割を分担します。3人以上保育者がいる場合は、補助の役割を担います。

　たとえば、リーダーが絵本の読み聞かせをしている時は、サブリーダーは、排泄介助をしたり、次の活動の用意をしたりと、リーダーが保育しやすいように一歩先の行動を読むようにします。リーダー、サブリーダーの役割は1週間毎に交替し、全員がそれぞれの役割を担えるようになっています。

　子どもたちの午睡中には、打ち合わせが行われます。子どもたちの様子はもちろん、保育の進め方や、翌月の指導計画や役割分担についても話し合われます。すべての園で同じ役割分担ではありません。子どもの人数や、園の規模にもよります。入園・進級当初は、主任やフリーの先生が手伝ってくれることもあります。以下表11-2に複数担任の役割分担例を示しますが、この限りではありません。各クラスにおいて、先生方は事前に打ち合わせを行い、役割分担を確認しています。

## （3）チーム保育 (teamwork in child care and education)

　保育用語辞典［第8版］（森上、2015）には、「1つのクラスを複数の保育者で担任する複数担任制や、クラスそのものも解体して全園児を全職員で保育するなど、複数の保育者が共同で子ども集団に保育を行う状況」と記されています。つまり、複数の保育者で保育を行うことを「チーム保育」といいます。とくに、乳児保育は複数担任ですので、その形態そのものが「チーム保育」なのです。

表 11-2　複数担任の役割分担例

| 活動 | A保育士<br>（リーダー） | B保育士<br>（サブリーダー） | C保育士<br>（補助） |
|---|---|---|---|
| 絵本の<br>読み聞かせ | 絵本を読む | 子どもの様子を見守る | 給食の準備をする |
| 戸外遊び | 子どもと遊びながら全体を見る | 子どもと遊びながら、子どもの様子を見守る | 子どもの様子を見ながら危険箇所につく |
| 制作 | 全体に説明する | 理解が難しい子どもに個別に説明する | 難しい箇所を手伝う |
| 散歩 | 全体を見ながら、先頭を歩く | 全体を見ながら、最後尾を歩く | 列の中間を歩き、前後をフォローする |
| 給食 | 給食前に絵本を読んだり、献立を紹介する | 配膳をする | 配膳をする |

（筆者作成）

　保育所や認定こども園は、長時間保育が行われ、保育者もローテーションを組んで保育にあたっています。また、土曜保育もありますので、平日に休みをとる保育者もいます。その際にも保育が円滑に行われるよう、打ち合わせや引き継ぎを丁寧に行います。

　子どもたちを園全体で保育している意識を持って、自分のクラスの子どもだけでなく、常に全体の子どもに目を向けるようにしましょう。園庭や遊戯室、バス通園を実施している園ではバスの車内において、子どもはさまざまな保育者とかかわっています。保育者間で情報交換をすることが、**子ども理解**につながり保育の参考になります。何かあったら必ず相談するようにしましょう。園全体で考え、保育者間が密に連携をとることがより良い保育につながります。

**（4）育児担当制**

　西村（2019）は、**育児担当制**とは「特定の保育士が特定の子どもの生活行為を継続的に援助する保育手法」と述べています。ハンガリーの３歳未満児の保育形態が日本に紹介されたことをきっかけに、日本でも実践されるようになってきました。また、現行の保育所保育指針解説に「**緩やかな担当制**」（p. 75 参照）という表現が記載されたことでも注目が集まっています。

　たとえば、０歳児の場合、保育者１人に対して子どもは３人です。基本的にいつも同じ保育者が特定の子どもの保育を行います。

　登園時の受け入れから、遊びや生活の全般を特定の保育者が担当します。おむつ交換や授乳、離乳食介助や寝かしつけまで、基本的にいつも同じ保育者が行います。その保育者が休みの時や、早出・遅出等で担当できない時のために、第二の担当者を決めておきます。子どもは、同じ保育者がいつも一緒にいてく

れる安心感があります。何か困ったことや不安なことがある
と、自分の担当の保育者の方を見たり、寄って行ったりする
光景が見られます。子どもと保育者の愛着関係が形成されて
いる証拠ですね。

　毎日同じ子どもと一緒にいると、子どもの変化にも一早く
気付きます。いつもより顔が赤いとか、抱っこした時に体が
熱いとか、目がとろんとしている等体調不良の前兆を察知す
ることもあります。また、食欲や便の状態等の変化にも敏感
になります。それは育児担当制のメリットでもあります。特定の子どもとかかわっている
からこそ、子どもと保育者の愛着関係も形成されます。赤ちゃんであっても、毎日会い世
話をしてくれる保育者のことを認識しています。

### （5）インクルーシブ保育

　インクルーシブとは、包括的な・すべてを包み込むという意味があります。すなわち、
**インクルーシブ保育**とは、障がいのある子ども、障がいのない子ども、国籍や発達段階等
の違いにかかわらず、どのような背景を持っていたとしてもすべての子どもを受け入れ一
緒に保育を行うことです。子どものありのままを受け止め、保育を行うことはどの子ども
にとっても意味のあることです。できないことがあったとしても、互いに助け合い乗り越
えていくことで成長が見られます。

　近年では、外国籍の子どもが多く在籍する保育所等が増えました。保護者の就労等によ
り、地域の保育所等に通うことがあります。最初は言葉が通じなくても、子ども同士一緒
に遊びながら、コミュニケーションをとっています。

 第2節　保護者との連携・協働

　保護者から育児相談を受けたり、子育て支援をしたり、子どもについての情報共有をし
たりと保護者との連携・協働は必要不可欠です。

　保護者の話に耳を傾け、その気持ちに寄り添うことが大切です。保護者にとって、保育
者は伴奏者でもあります。二人三脚で子どもの育ちを支えるパートナーです。成長過程で
は、保護者と一緒に考え、保護者に共感することで、担当の保育者を信頼してくださるよ
うになるでしょう。保育中、子どもをしっかりと見守り、その様子を保護者に伝えるよう
にします。生活面や体調以外にも、子どもの行動等にも触れるとイメージが伝わりやすい
ですね。

　保育所保育指針の第4章には、「**子育て支援**」として以下のように明記されています。
保護者の気持ちを尊重し、信頼関係を図りながら保育者としての専門性を活かし、保護者

の子育てを支援することが肝要です。

　保育者には**守秘義務**がありますので、職務上知り得た事柄は絶対に他言してはいけません。保育のプロとしての自覚をもって、保護者と接するように心掛けましょう。

---

**保育所保育指針　第4章　子育て支援**

１　保育所における子育て支援に関する基本的事項

(1)　保育所の特性を生かした子育て支援

ア　保護者に対する子育て支援を行う際には、各地域や家庭の実態等を踏まえるとともに、保護者の気持ちを受け止め、相互の信頼関係を基本に、保護者の自己決定を尊重すること。

イ　保育及び子育てに関する知識や技術など、保育士等の専門性や、子どもが常に存在する環境など、保育所の特性を生かし、保護者が子どもの成長に気付き子育ての喜びを感じられるように努めること。

(2)　子育て支援に関して留意すべき事項

ア　保護者に対する子育て支援における地域の関係機関等との連携及び協働を図り、保育所全体の体制構築に努めること。

イ　子どもの利益に反しない限りにおいて、保護者や子どものプライバシーを保護し、知り得た事柄の秘密を保持すること。

---

　保育所を利用している保護者に対する子育て支援として、保育所保育指針に以下のことが挙げられています。子どもの健やかな成長を願う思いは、保護者も保育者も同じです。日々のコミュニケーションを大切にし、お互いを理解することが重要です。保護者の思いを汲み取ることが求められます。保育者自身が「この子の保護者なら」という考えを念頭におき、保育をしたいものです。それが保護者理解につながります。保護者の職種や年齢もさまざまで、保育時間も家庭によって違います。各保護者の個別の状況に配慮することも忘れてはいけません。子どもの体調や発育について心配なことがある場合は、保護者の気持ちを 慮 り寄り添いながら一緒に考えていきます。

　外国籍の子どもが在籍している園もあり、日本語での会話が困難な場合もあります。辞書や翻訳アプリ等を活用しながら、コミュニケーションをとり、子どもの様子を伝えるようにしましょう。

---

２　保育所を利用している保護者に対する子育て支援

(1)　保護者との相互理解

ア　日常の保育に関連した様々な機会を活用し子どもの日々の様子の伝達や収集、保育所保育の意図の説明などを通じて、保護者との相互理解を図るよう努めること。

イ　保育の活動に対する保護者の積極的な参加は、保護者の子育てを自ら実践する力の向上に寄与することから、これを促すこと。

---

　言葉での意思疎通が難しい年齢の子どもたちは、保育所等で日中どのように過ごしているかを保護者に伝える必要があります。どのような連絡方法があるでしょうか。

## （1）連 絡 方 法

　保護者との連絡は、①送迎時等の対面、②電話・メール、③連絡帳等があります。その時々で、必要な手段を用いて保護者と連絡をとります。

　① 送迎時等の対面

　　送迎時は、保護者の顔を見ながら話せるチャンスですが、担当保育者の勤務時間によっては、他の保育者に伝言してもらうこともあります。保護者の出勤前には、子どもの体調等を確認し、それ以外に伝えたいことはお迎え時にしましょう。日中の子どもの様子を聞くことは、保護者にとってうれしいものです。子どもの変化を見逃さず、保護者にお伝えしたいものです。

　② 電話・メール

　　お迎え時には急いでいる保護者もいらっしゃいます。その日に伝えなければならないことがあれば、電話を用います。その際は、用件のみを簡潔に伝えるようにしましょう。

　　近年は、メールを活用する園も増えています。メールなら、子どもの就寝後等保護者の手の空いた時間に読んでいただくことができます。対面で話すことが望ましいですが、連絡事項等はメールでやりとりすることもあります。各園において、どのツールを使って保護者と連絡をとるのかそれぞれ方針がありますので、確認するようにしましょう。実習生は、電話・メールで保護者に連絡することはありません。

③　連絡帳

　　園によりますが、連絡帳で園生活の様子を記録しているところもあります。保護者が、家庭での様子も記録し、双方で子どもの情報共有をしています。日頃ゆっくり話すことのできない保護者と、連絡帳を通してコミュニケーションをとっています。睡眠時間・食事量・排泄等の生活面と、家庭内での子どもの様子が記されており、それらを保育の参考にします。

　　言葉を話すようになると、園での様子や友達の名前が出た等子どもとの実際の会話を書いてくださる保護者もいます。

　　下記の表 11-3 は、連絡帳の一例です。Mちゃんの 1 日の様子を時系列に記録しています。これを見れば子どもの様子が分かるようになっています。生活面だけではなく、興味をもった遊びや友達等を記録しておくと、後から見返した時に子どもの成長を感じることができます。保護者が家庭での様子を記録してくださると、帰宅後や休日の様子を把握することもできます。

　　園によっては、個人の連絡帳ではなく、一覧表にクラスすべての子どもの様子を記

表 11-3　1 歳児 M ちゃんの記録

| 2020 年 3 月 3 日(火)天気 晴 | お迎え 17：30　（母） |
|---|---|

| | 睡眠 | 排便 | 食事 | 家庭より |
|---|---|---|---|---|
| 18:00 | | | 【前夜】 | 体調　(良好)　普通　不良 |
| 19:00 | | やや下痢 | ごはん・味噌汁 | 熱　8：00　36.5　℃ |
| 20:00 | ↑ | | 豆腐ハンバーグ | 連絡事項 |
| 21:00 | | | ブロッコリー・プチトマト | 昨日・帰宅後・やや下痢気味 |
| 22:00 | | | ひじきの煮物 (完食) | でしたが、機嫌も良く、今朝は |
| 23:00 | | | | 元気です。念のため、牛乳は中止 |
| 0:00 | | | | してください。 |
| 1:00 | | | | 寝言で「センセイ・スキー♡」と言い |
| 2:00 | | | | びっくりしました。笑 |
| 3:00 | | | | |
| 4:00 | | | | |
| 5:00 | | | | |
| 6:00 | ↓ | | 【朝食】 | 保育園より |
| 7:00 | | ● | パン・ジュース | 体調　(良好)　普通　不良 |
| 8:00 | | | 卵焼き・りんご | 熱　15：10　36.7℃ |
| 9:00 | | | 【昼食】 | 連絡事項 |
| 10:00 | | | 白ごはん○ | 今日は変わりなく元気でした。 |
| 11:00 | | | 鮭のカレーピカ9○ | 嬉しい寝言、私も聞きたかったです！ |
| 12:00 | ↑ | | 春雨サラダ1/2 | 園では、お人形に優しくタオルをかけて |
| 13:00 | | | 野菜スープ○ | トントンと寝かしつけていました。相手は |
| 14:00 | ↓ | | 【おやつ】 | お母さんだったのでしょうか…。 |
| 15:00 | | | たまごの蒸しパンケーキ◎ | とっても 可愛かったです ♡ |
| 16:00 | | | お茶○ | |
| 17:00 | | | | |

載するところもあります。2歳児になると、保護者との会話もできるようになりますので、簡略化した記録になることもあります。

## （2）ICT の活用

ICT とは、Information and Communication Technology（情報通信技術）の略で、通信技術を活用したコミュニケーションを指します。保育現場においても、登降園時の時刻を管理したり、午睡中の就寝の向きをセンサーで管理する園もあります。また、教育施設向け ICT 支援ツール等の専用アプリで、欠席連絡やお便りの配信、写真掲載等 ICT を活用している園もあります。

園によっては、ライブカメラを導入し、保育中の子どもの様子を、保護者のスマホ等で見られるようにしているところもあります。保育中や遠足等の写真を、スマホ画面から購入できる園もあります。すべての園で導入されていませんが、保育者も保護者も ICT を活用する姿が見られるようになってきました。

## （3）離乳食（除去食・アナフィラキシー）（第5章 p.64 参照）

生後6か月を過ぎると、保護者と相談しながら離乳食を開始します。初めての食材は、何かあったらすぐに受診できる体制を整えて平日の日中に家庭で開始します。家庭で問題がなければ園でも開始します。

食べられる食材を少しずつ増やしていきますが、アレルギーを持つ子どもには、とくに保護者との連携が不可欠です。幼児食（普通食）に移行すると、**アレルギー児**には**除去食**が提供されます。アレルゲンを除去した給食を配膳しますが、この時には調理室から口頭で何を除去しているのかを伝達されます。保育室に運んでからも、ダブルチェックを行います。誤配膳してしまうと、**アナフィラキシーショック**を起こしてしまい、最悪の場合は命にかかわります。

2014（平成26）年に一般社団法人日本アレルギー学会が発行した「アナフィラキシーガイドライン」には、以下のように定義されています。

---

アナフィラキシーとは、「アレルゲン等の侵入により、複数臓器に全身性にアレルギー症状が惹起され、生命に危機を与え得る過敏反応」のことです。また、「アナフィラキシーに血圧低下や意識障害を伴う場合」のことをアナフィラキシーショックと言います。

---

保育者間の連携を密にし、適切な離乳食・給食を提供できるようにしましょう。毎日のことですが、緊張感をもって確認するようにしましょう。

### （4）保育参観、保育参加

　保護者が、保育中の子どもの様子を実際に見ることができるのは、保育参観や保育参加でしょう。保育参観とは、保育中の子どもたちの様子を参観することです。人見知りの激しい年齢のクラスは、保育室の外（廊下）や、モニターを通して保育の様子を参観することもあります。

　一方保育参加とは、保護者が先生のように絵本の読み聞かせをしたり、一緒に体操をしたりと保育に参加することを指します。少人数の保護者が交替で参加します。子どもたちは自分の保護者が来てくれることを喜びます。午前中一緒に活動し、給食を食べ、保護者は子どもの園での様子や、友達とのかかわりを見ることができます。園によって方法は違いますが、保護者に園での子どもの様子をご覧いただく良い機会になっています。

 ## 第3節　自治体や地域の関係機関等との連携・協働

　保育所保育指針の第4章には、子育て支援として地域の関係機関等との連携について言及されています。

---

**保育所保育指針　第4章　子育て支援**

3　地域の保護者等に対する子育て支援

(2)　地域の関係機関等との連携

ア　市町村の支援を得て、地域の関係機関等との積極的な連携及び協働を図るとともに、子育て支援に関する地域の人材と積極的に連携を図るよう努めること。

---

　自治体とは、市町村や区などの行政機関のことです。また、地方公共団体ともいいます。市町村が行う地域子ども・子育て支援事業として、子ども・子育て支援法第59条に以下の13の事業が示されています。

---

① 利用者支援事業

② 延長保育事業

③ 実費徴収に係る補足給付を行う事業

④ 多様な事業者の参入を促進する事業

⑤ 放課後児童健全育成事業（放課後児童クラブ）

⑥ 子育て短期支援事業

⑦ 乳児家庭全戸訪問事業

---

⑧ 養育支援訪問事業、要支援児童・要保護児童等の支援に資する事業

⑨ 地域子育て支援拠点事業

⑩ 一時預かり事業

⑪ 病児保育事業（病児・病後児保育）

⑫ 子育て援助活動支援事業（ファミリー・サポート・センター事業）

⑬ 妊婦健診

　上記 13 の事業の中でも、保育所等の乳児保育に関連深い事業を紹介しましょう。

## （1）子育て援助活動支援事業（ファミリー・サポート・センター事業）

　厚生労働省の HP には、以下のように紹介されています。

---

　ファミリー・サポート・センター事業は、乳幼児や小学生等の児童を有する子育て中の労働者や主婦等を会員として、児童の預かりの援助を受けることを希望する者と当該援助を行うことを希望する者との相互援助活動に関する連絡、調整を行うものです。

　本事業は、平成 17 年度から次世代育成支援対策交付金（ソフト交付金）、平成 23 年度から「子育て支援交付金」、平成 24 年度補正予算により「安心こども基金」へ移行し、平成 26 年度は「保育緊急確保事業」として実施されてきたところです。

　「子ども・子育て支援新制度」の開始に伴い、平成 27 年度からは、「地域子ども子育て支援事業」として実施します。

---

　**ファミリー・サポート・センター事業**は、通称「ファミサポ」とも呼ばれ、子どもを預かってほしい依頼会員と、自宅等で子どもを預かることのできる協力会員が子育てに関する地域相互援助活動を支える制度です。協力会員が保育所等に保護者に代わり送迎することもあります。その際は、ファミリー・サポートの名札を付け、事前に保護者から連絡があります。

　降園すると、協力会員の自宅で保護者の迎えを待ちます。保護者の帰宅時間によっては、協力会員の自宅で食事や入浴をして待つこともあります。

　活動例は、以下のようなものがあります。

---

・保育施設等までの送迎を行う。

・保育施設の開始前や終了後又は学校の放課後、子どもを預かる。

・保護者の病気や急用等の場合に子どもを預かる。

・冠婚葬祭や他の子どもの学校行事の際、子どもを預かる。

・買い物等外出の際、子どもを預かる。

・病児・病後児の預かり、早朝・夜間等の緊急預かり対応。

---

　同じ地域に住む人に、子育てをサポートしていただくシステムですが、協力会員も子どもの成長を見守り、送迎などの役割を担うことで社会貢献にもなる活動です。遠方に住む祖父母の協力が得られない核家族では利用者が増えています。

## （2）子育て支援の場

> **保育所保育指針　第4章　子育て支援**
>
> 　3　地域の保護者等に対する子育て支援
>
> （1）地域に開かれた子育て支援
>
> ア　保育所は、児童福祉法第48条の4の規定に基づき、その行う保育に支障がない限りにおいて、地域の実情や当該保育所の体制等を踏まえ、地域の保護者等に対して、保育所保育の専門性を生かした子育て支援を積極的に行うよう努めること。
>
> イ　地域の子どもに対する一時預かり事業などの活動を行う際には、一人一人の子どもの心身の状態などを考慮するとともに、日常の保育との関連に配慮するなど、柔軟に活動を展開できるようにすること。
>
> （2）地域の関係機関等との連携
>
> ア　市町村の支援を得て、地域の関係機関等との積極的な連携及び協働を図るとともに、子育て支援に関する地域の人材と積極的に連携を図るよう努めること。
>
> イ　地域の要保護児童への対応など、地域の子どもを巡る諸課題に対し、要保護児童対策地域協議会など関係機関等と連携及び協力して取り組むよう努めること。

### ・子育てひろば（園庭開放）

　地域の保育所等では、未就園児を対象に園庭を開放して「**子育てひろば**」を提供しています。季節の行事に参加させてくれることもあります。水遊び・七夕・運動会・ハロウィン・クリスマス会・おもちつき・豆まき等年中行事に合わせてイベントを開催してくれるところもあります。

　同年代の子ども同士の交流はもちろん、保護者同士も子育てについての情報交換をしたりと賑わっています。

つどいの広場事業は、主に乳幼児（0〜3歳）をもつ親とその子どもが気軽に集い、うち解けた雰囲気の中で語り合い、交流を図ることや、ボランティアを活用しての育児相談などを行う場を身近な地域に設置することにより、子育て中の親の子育てへの負担感の緩和を図り、安心して子育て・子育ちができる環境を整備し、もって、地域の子育て支援機能の充実を図ることを目的とする。

## （3）保健センターとの連携

　市町村保健センターは、健康相談、保健指導、健康診査など、地域保健に関する事業を地域住民に行うための施設です。地域保健法に基づいて多くの市町村に設置されています。地域の健康づくりを中心とした施設です。

　保健センターで受けられる子育て関連のサービスとして、母子健康手帳の交付に始まり、新生児・妊産婦訪問指導、乳児家庭全戸訪問事業（こんにちは赤ちゃん事業）、乳幼児健診等があります。

### ・乳幼児健診（乳児・1歳6か月・3歳）

　子どもが誕生すると、乳児・1歳6か月・3歳の成長の節目で乳幼児健診を受けます。乳幼児健診の詳細は、「乳幼児健康参加身体診察マニュアル」に記されています。

　法定健診以外にも市町村では、さまざまな健診が実施されています。このうち3〜4か月児健診はほとんどの市町村で実施され、9〜10か月児健診が次に多く実施されています。2歳児歯科健診や6〜7か月児健診、5歳児健診等、市町村によりさまざまな対象時期で

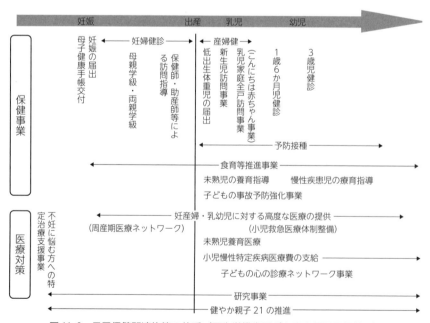

**図11-2　母子保健関連施策の体系（厚生労働省子ども家庭局母子保健課）**
出典：厚生労働省「母子保健関連施策（平成27年9月2日）」
(https://www.mhlw.go.jp/file/05-Shingikai-12401000-Hokenkyoku-Soumuka/0000096263.pdf、2020年11月26日閲覧)

実施されていますが、実施する市町村数は多くはありません。乳幼児健診には、市町村の保健センター等で行う集団健診と、医療機関に委託して行う個別健診があります。法定健診のほとんどは集団健診で実施されていますが、乳児期の健診では個別健診の割合が比較的高くなっています。乳幼児健診の結果を保護者から聞くことも、子どもを支える意味では大きな情報と言えるでしょう。

## （4）児童相談所との連携

　児童相談所とは、各都道府県に設置され、以下のような役割があります。

> 　児童相談所は、市町村と適切な役割分担・連携を図りつつ、子どもに関する家庭その他からの相談に応じています。また、子どもが有する問題又は子どもの真のニーズ、子どもの置かれた環境の状況等を的確に捉え、個々の子どもや家庭に最も効果的な援助を行い、もって子どもの福祉を図るとともに、その権利を擁護すること（以下「相談援助活動」という。）を主たる目的として都道府県、指定都市（地方自治法（昭和 22 年法律第 67 号）第 252 条の 19 第 1 項の指定都市をいう。以下同じ。）及び児童相談所設置市（児童福祉法（昭和 22 年法律第 164 号。以下「法」という。）第 59 条の 4 第 1 項の児童相談所設置市をいう。以下同じ。）（以下「都道府県等」という。）に設置される行政機関である。

　また、保護者が子どもの発育や、家庭環境等児童相談所に相談することもあります。
　児童相談所の業務としては、以下のものがあります。

> 1．相談の受付
> 2．相談援助活動の展開
> 　① 調査、診断（アセスメントを含む）、判定
> 　② 援助
> 　③ 業務遂行体制

　児童相談所は、子どもに関する家庭等からの相談のうち、専門的な知識および技術を要する職員が対応しています。個人で相談することもできますし、保育所等と連携し、子どもの育ちを支援することもあります。
　子どもの発達面で気になることがある場合は、発達検査を受けることもできます。必要があれば、児童福祉施設と十分な協議を行い、その子どもにあった援助指針を策定します。保育者は、保育所等での子どもの様子を伝え、児童相談員等と連携を図っていきます。

### ・虐待ホットライン（児童相談所虐待対応ダイヤル「189（いちはやく）」）

　昨今、虐待に関する痛ましい報道が後を絶ちません。子どもの数は減少しているにもかかわらず、児童虐待の相談対応件数が増加しています。以下の図 11-3 からも分かるように、

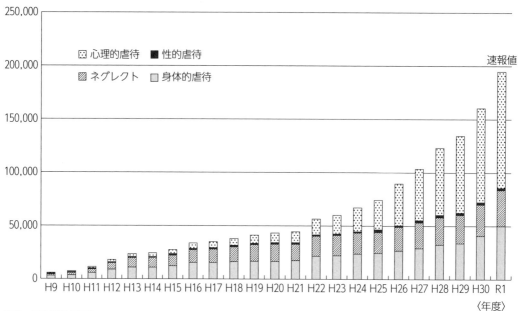

資料：厚生労働省報告

図 11-3　児童相談所における児童虐待相談対応の内容

出典：NPO 法人 児童虐待防止全国ネットワーク「子ども虐待について　統計データ」
(http://www.orangeribbon.jp/about/child/data.php、2020 年 12 月 12 日閲覧)

年々増え続けています。

　虐待が疑われる場合は、通報義務があります。**児童相談所虐待対応ダイヤル**「189（いちはやく）」に連絡し通報してください。児童相談所は 24 時間対応しています。躾の一環として手をあげたというニュースを目にしますが、躾だとしても子どもに手をあげることは許されない行為です。

　自分の感情を言葉で表現できない年齢の子どもたちはとくに注意が必要です。1 か月に 1 回の発育測定で体に傷がないか、栄養状態はどうか、日常の生活の中で子どもをしっかり見守っていきましょう。

　2018（平成 30）年の虐待死は、「**ネグレクト**」が初めて「**身体的虐待**」を上回る結果になりました。声を上げることができない小さな命を守るためにも、社会全体で子どもを見守っていかなくてはなりません。

---

**保育所保育指針　第 4 章　子育て支援**

2　保育所を利用している保護者に対する子育て支援

(3)　不適切な養育等が疑われる家庭への支援

ア　保護者に育児不安等が見られる場合には、保護者の希望に応じて個別の支援を行うよう
　　努めること。

イ　保護者に不適切な養育等が疑われる場合には、市町村や関係機関と連携し、要保護児童

---

　対策地域協議会で検討するなど適切な対応を図ること。また、虐待が疑われる場合には、
　速やかに市町村又は児童相談所に通告し、適切な対応を図ること。

### （5）医療機関との連携

　各園には、園医が定められています。近隣の小児科医がその役割を担っていることが多いです。1年に1回内科・歯科の健康診断がありますが、それ以外でも疾病や発育について相談する等連携を図っています。保育中に怪我をした場合や、診療を必要とする体調不良の場合は、直ちに園医に連絡をとり指示を仰ぎます。

　2015（平成27）年に通知された「保育所等における准看護師の配置に係る特例」では、保健師又は看護師に加え、准看護師についても、保育士とみなすことができることになり、看護師が常駐する保育所等も増えてきました。その場合は、受診の必要の有無を看護師に確認するようにしましょう。

# 第12章

# 乳児保育の実践

【演習 12-1】おむつ交換の方法（発達表参照）

> 　おむつ交換をしている時間は、赤ちゃんと確実に1対1でかかわることのできるタイミングでもあります。排尿・排便で不快になった気持ちを受け止め、快の気持ちを味わえるようにかかわることを心がけましょう。園によっては紙おむつだけでなく、布おむつを使用しているところもあります。用途に応じて、使い分けていることもありますので交換方法は、身につけておきましょう。

（1）交換時の保育者のかかわり

・保育者は交換前後に必ず手洗いを行います。手の温度や室温の状態等にも配慮して、丁寧かつ手早く行いましょう。

→室温が寒い・保育者の手が冷たいことが嫌で、おむつ交換を嫌がることもあります。手を少し温めてから行うなど配慮をし、室温にも気を付けましょう。

・おむつが汚れていることが分かったら、「気持ち悪いからおむつかえようか」等と声をかけて、おむつ台・交換場所へ移動します。この時、おしり拭きや交換用のおむつなどを事前に準備をしておくことが大切です。

→今から何をするのか、どこへ行くのか言葉で伝えてあげることが大切です。

・寝かせる場合には「寝転ぼうか」等と声をかけ、恐怖心を和らげましょう。

→おむつ台等の高さのある場所に寝かせた際は、赤ちゃんから<u>絶対に目を離さない</u>ようにしましょう。落下する可能性もあるので注意が必要です。

・交換の最中も子どもには「いっぱい出たね」「もう少しできれいになるよ」と声をかけてあげましょう。

→目を見て、心を通わせながら、赤ちゃんの表情に注目しましょう。嫌がる子には、歌を歌ったりしながらあやしてあげてもいいですね。

・交換後、「きれいになったね」「すっきりしたね」と言葉で伝えてあげましょう。

→終了後は、衛生面に配慮して、交換場所の消毒を忘れずに行いましょう。

（2）交換時のポイント

・排便の拭きとり方は？……足の付け根や肛門等、細かい部分の汚れを残さずに丁寧に拭きとるように気を付けましょう。

| 男児の場合 | 女児の場合 |
|---|---|

陰茎の裏側・しわはとくに丁寧に拭きとりましょう。

排便の菌が尿道に入り込むと、細菌感染を起こす可能性があります。必ず前から後ろの肛門に向かって拭きます。

> ※デリケートな部分なので強くこすって傷付けないように気を付けましょう。
>   おしり拭きを指に巻き付けて拭くときれいに拭きとることができます。

（3）観察ポイント

・排尿・排便の状態

　排便は健康のバロメーターでもあります。日頃から一人一人の便を観察し、普段の状態を知っておきましょう。いつもより排便の回数が多く、より水っぽい、においが強い・臭い、色が違うというときは注意深く観察しましょう。

> ※次のような状態のときは要注意！
>   ・水のような便で、ぐったりしている→脱水症状の可能性
>   ・赤や黒・白い便→腸管の出血・ウイルス感染症の可能性

・皮膚の状態（おむつかぶれはないか？等）

→おむつ交換後、しっかりと乾燥させてからおむつをするようにしましょう。

【演習 12-2】調乳・授乳

　０歳児にとってミルクを飲むこと（哺乳）は生きるために必要な活動です。そして、生まれながらにもっている哺乳するために必要な反射運動（吸啜反射・嚥下反射など）が活発に行われます。乳児院や保育所など、母親が授乳できない環境において保育者が適切な方法により授乳を行うことが求められます。

　乳児がミルクを摂取する方法には３つの方法があります。１つ目は母乳を授乳する母乳栄養、２つ目は乳児用調整粉乳（粉ミルク）を溶かして作る人工乳を授乳する人工乳栄養、３つ目は母乳と人工乳の両方を使用する混合栄養です。

　１つ目の母乳栄養については、保育所や乳児院では授乳のたびに母親が来ることができないので、事前に搾乳した母乳を専用のパックに入れて冷凍したものを預かり、解凍した母乳を哺乳瓶で授乳します。

　２つ目の人工栄養については、保育所で決まった粉ミルクや哺乳瓶を使用したり、各自で好みの粉ミルクや哺乳瓶を保育所に預け対応します。

　３つ目の混合栄養の場合は、家庭では母乳、保育所では人工乳といった状況によって使い分けるケースなどがあります。


（１）調乳

　調乳は体調の良い保育者が担当するようにしましょう。そして、調乳する前に石鹸と流水できれいに手を洗い、手を清潔にしましょう。ここでは、人工乳の調乳について紹介します。「乳児用調整粉乳の安全な調乳、保存及び取扱いに関するガイドラインの概要（FAO／WHO 共同作成）」を参照しましょう。

　また、人工乳として乳児用調製粉乳を利用する場合はポイントとして以下の２点があげられています。

---

- 乳児用調製粉乳の調乳に当たっては、使用する湯は 70 ℃以上を保つこと。
  （注）高温の湯を取り扱うので、やけどに注意すること。
- 調乳後 2 時間以内に使用しなかったミルクは廃棄すること。

---

（２）授乳

　授乳をするときは、調乳同様に手を石鹸と流水できれいに洗い、清潔なエプロンをつけましょう。授乳は単に栄養を摂取する行為ではなく、保育者との心地よいコミュニケーション、ふれあいの時間です。落ち着いた場所で椅子に座って、保育者も心穏やかに優しい気持ちで授乳するようにしましょう。

表 12-1　乳児用調製粉乳の安全な調乳、保存及び取扱いに関するガイドラインの概要（FAO/WHO 共同作成）

| 哺乳ビンを用いた粉ミルクの調乳方法 | Step 7<br>やけどしないよう、清潔なふきんなどを使って哺乳ビンを持ち、中身が完全に混ざるよう、哺乳ビンをゆっくり振るまたは回転させます。 |
| --- | --- |
| Step 1<br>粉ミルクを調乳する場所を清掃・消毒します。 | Step 8<br>混ざったら、直ちに流水をあてるか、冷水又は氷水の入った容器に入れて、授乳できる温度まで冷やします。このとき、中身を汚染しないよう、冷却水は哺乳ビンのキャップより下に当てるようにします。 |
| Step 2<br>石鹸と水で手を洗い、清潔なふきん、又は使い捨てのふきんで水をふき取ります。 | Step 9<br>哺乳ビンの外側についた水を、清潔なふきん、又は使い捨てのふきんでふき取ります。 |
| Step 3<br>飲用水※を沸かします。電気ポットを使う場合は、スイッチが切れるまで待ちます。なべを使う場合は、ぐらぐらと沸騰していることを確認しましょう。 | Step 10<br>腕の内側に少量のミルクを垂らして、授乳に適した温度になっているか確認します。生暖かく感じ、熱くなければ大丈夫です。熱く感じた場合は、授乳前にもう少し冷まします。 |
| Step 4<br>粉ミルクの容器に書かれている説明文を読み、必要な水の量と粉の量を確かめます。加える粉ミルクの量は説明文より多くても少なくてもいけません。 | Step 11<br>ミルクを与えます。 |
| Step 5<br>やけどに注意しながら、洗浄・殺菌した哺乳ビンに正確な量の沸かした湯を注ぎます。湯は 70 ℃以上に保ち、沸かしてから 30 分以上放置しないようにします。 | Step 12<br>調乳後 2 時間以内に使用しなかったミルクは捨てましょう。 |
| Step 6<br>正確な量の粉ミルクを哺乳ビン中の湯に加えます。 | 注意 ミルクを温める際には、加熱が不均一になったり、一部が熱くなる「ホット・スポット」ができ乳児の口にやけどを負わす可能性があるので、電子レンジは使用しないでください。 |

※①水道水②水道法に基づく水質基準に適合することが確認されている自家用井戸等の水③調製粉乳の調整用として推奨される、容器包装に充填し、密栓又は密封した水のいずれかを念のため沸騰させたものを使用しましょう。
（How to Prepare Formula for Bottle-Feeding at Home（FAO/WHO）より抜粋）
出典：厚生労働省「乳児用調製粉乳の安全な調乳、保存及び取扱いに関するガイドラインの概要（FAO/WHO 共同作成）」
（https://www.mhlw.go.jp/topics/bukyoku/iyaku/syoku-anzen/qa/dl/070604-1a.pdf、2020 年 11 月 24 日閲覧）

① 椅子に座って、乳児をひざの上で安定するように横抱きにする。

② 乳児のあごの下に清潔なガーゼを置く。

③「○○ちゃん、ミルクを飲みましょうね」など声をかけて、今からミルクを飲むことを伝え、下唇に哺乳瓶の乳首で優しく触れる。

④ 乳児が哺乳瓶の乳首に吸いつこうとしたら、乳首を乳児の口の中に入れ、乳首を乳児の舌にのせて、乳首の根元までしっかり口に含むことができるようにする。

⑤ 乳児の目を見て話しかけながら、乳児がミルクを飲む様子を見守る。乳首に空気が入らないように、哺乳瓶の傾きに気をつける。

⑥ 乳児がミルクを飲み終わったら、飲み込んだ空気を吐き出せるように、縦抱きにして、背中を軽くさすったり、トントンする。げっぷがすぐに出ないこともありますが、強く背中をたたく必要はありません（＊午睡時にミルクをはくことがあるので午睡中の様子を気を付けてみる）。

⑦ 飲んだミルクの量を記録する。

⑧ 哺乳瓶、乳首を洗い、消毒する。

## 【演習 12-3】沐浴・清拭

### （1）沐浴（もくよく）

　沐浴とは、新生児がベビーバス等を使用して体を洗うことを指します。入浴は、一般的な浴槽に浸かりますが、沐浴は細菌感染防止のため、ベビーバス等を用意します。新陳代謝が活発な赤ちゃんは、よく汗をかきます。汗を流し、体の清潔を保つために 38 ℃〜40 ℃位のお湯で 5 分程度の沐浴を行います。

　保育所等での沐浴は、汗を流したり水浴びしたりすることを目的に行います。

　沐浴の前には、以下のものを用意し、素早く行うようにします。

**用意するもの**
① ベビーバス
② 湯温度計
③ ベビーソープ
④ ガーゼタオル
⑤ バスタオル
⑥ 着替え一式
⑦ ベビー綿棒

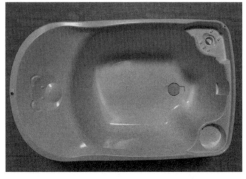

ベビーバス

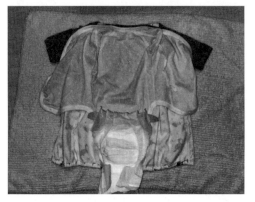

着替え一式

---

**沐浴の手順**

① ガーゼで赤ちゃんの体を覆い、ベビーバスに足から入れる。

② ガーゼを濡らして、数字の 3 を描くように優しく顔を拭く。

③ ベビーソープを泡立て、円を描くように頭を優しく洗う。

　※湯が入らないよう両耳を押さえる。

④ 首・胸・脇・腹・股間・手・足・背中・尻を洗う。

⑤ あがり湯をかける。

⑥ バスタオルで素早く体を拭き、おむつ・服を着せる。

⑦ 耳の水分を綿棒で拭き取る。

⑧ 20〜50 cc の湯冷ましで水分補給をする。

---

　赤ちゃんにとって沐浴は気持ちの良いものですが、いきなり湯に浸かるとびっくりします。声を掛けながら、そっと足から湯に付け、足元から順番に湯をかけていきます。その際、体にガーゼをかけておくと安心感があります。

　体全体が湯に浸かったら、湯が耳に入らないよう耳を押さえ、顔を数字の 3 を書くように優しくそっと洗います。

　洗い終えたら、あがり湯をして、あらかじめ用意しておいたおむつ・服の順番に着せていきます。この時も「気持ちよかったね！」等、笑顔で声を掛けながら手早く行います。耳に入った水を綿棒で拭い、湯冷ましで水分補給をします。

（2）清拭（せいしき）

　清拭とは、体を拭いて清潔にすることです。汗をかく時期には、ガーゼを濡らして、顔や手足・体を拭くことがあります。体調が万全でない時は、沐浴ではなく清拭をします。湯にはつけませんが、手順は沐浴とほぼ同じです。湯に浸からないので、顔・体・手足と順番に進めていきます。拭いたところから、新しい服を着せていくと良いでしょう。

　戸外遊びが終わり保育室に帰ってきた時や、食事の前後にも手を洗いますが、難しい赤ちゃんは濡らしたガーゼやタオルで顔や手を拭きます。

　離乳食や給食の時も、濡れたガーゼやタオルをテーブルに置いておき、必要な時に手や口を拭けるようにします。自分でできるようになると、「きれいきれいしようね！」と声を掛けると自分で手や口を拭こうとします。仕上げは保育者が行いますが、自分でしようとする気持ちを大切にしましょう。

## 【演習 12-4】 散歩

### 散歩の方法

　小さい子どもにとって、散歩はわくわくする魅力的な活動です。同じルートであっても、春夏秋冬で見える景色も違います。また、地域の方々との出会いや、小動物とのふれあいも楽しみの一つです。

　年齢・月齢によって、バギーに乗るか、歩いて散歩します。散歩の列の先頭と最後尾に保育者が付き、保育者が車道側、子どもが歩道側を歩きます。体調が優れない子どもがいる場合は、保育者と一緒に留守番をします。少人数であっても、何かあった時のことを考え保育者は 2 人以上で引率します。

　散歩前、散歩中、散歩後の留意点を確認しましょう。

---

**散歩前**

〜出発時〜

- 排泄を済ませ、帽子を着用し、靴を履く。
- 点呼をし、引率人数、ルート、帰園予定時刻を報告する。

〜バギー〜

※ 1 人用・2 人用・4 人用・複数用等利用人数に合わせて使用する。

- 走行中以外は、必ずストッパーをかける。
- タイヤの空気圧は適正かどうか確認する。
- 汚れ、破損はないか、ブレーキの効きを確認する。

〜散歩時の保育者の持ち物〜

① 救急用品
② 着替え
③ ビニール袋
④ ティッシュペーパー
⑤ 携帯電話または電話用硬貨
⑥ 緊急時用の笛

---

**散歩中**

- 子どもの歩くペースを意識し、歩調を合わせる。
- 公園等広い場所に着いたら、バギーの子どもたちも歩けるようにする。
- 保育者は、子どもたち全体が見渡せる位置に付き、子どもたちを囲むように点在する。
- 出発、到着の際には必ず点呼をとる。

**散歩後**

- 帰園報告をし、速やかに保育室に戻る。
- 子どもたちの健康観察を行い、水分補給をする。
- 順番に排泄を済ませる。

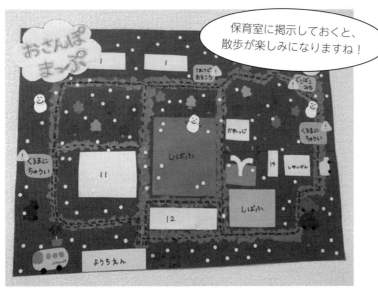

保育室に掲示しておくと、
散歩が楽しみになりますね！

## 【演習 12-5】手作りおもちゃ

### （1）手作りおもちゃの魅力

　手作りおもちゃは、身近なものを活用して、目の前の子どもの発達や興味関心に合うものを作ることができます。また、安全面に配慮し、汚れたり壊れたりしても補修や作り直しができます。素材の工夫ができることも魅力の一つです。音や感触、色、形、大きさなど組み合わせを考えて、子どもたちの遊びの助けになるような遊具を作ることが可能です。保育室内のどのスペースを活用できるか等、現状を把握した上で作ることで、保育室の環境の見直しにもつながります。手作りおもちゃは、既製のおもちゃと併用して使っていくようにしましょう。

### （2）手作りおもちゃの紹介

・0歳児

　触れる、にぎる、振るものや、口に入れて確かめられるもの等、子どもが手に持って操

つかんだり握ったりして遊びます。中には鈴が入っており、振ると音がする工夫がされています。

太陽や雲、花など身近なものを表現し、フェルトやファスナー、ボタンを組み合わせて作ることで、素材の変化に気づくようにしています。

ペットボトルに水を入れて、ビーズ等カラフルな色のものや、カラーフィルム等を入れて作ります。子どもたちは、水の中で動くビーズやフィルムを目で追います。中に入れるものによって動き方の違いがあるとより楽しめます。

異なる素材のひもやリボンを用いることで、感触の違いを楽しむことができます。

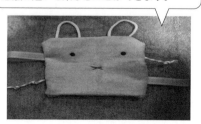

作できる大きさのものから、体全体を動かす時に使うマットくらいの大きさのものまで、幅広い種類のおもちゃを手作りすることができます。寝ている状態の子どもや一人歩きをするようになった子どもなど、成長に合わせて素材や設置の高さを調整できる壁面遊具もおすすめです。

- 1歳児

　入れたり出したりの遊びが盛んになる頃には、さまざまな大きさや高さの入れものと大きさや長さを変えた入れるものを準備します。容器に開ける穴の大きさや向きを変えるだけでも、手首や腕、指先の使い方が変わり、子どもの発達に合わせたおもちゃを作ることができます。自分の体が入ってしまうくらいの大きさの箱や、牛乳パック台なども作ることが可能です。再現遊びで使う食べ物、飲み物はフェルトやペットボトルを使うと簡単にできます。

野菜を引っ張ると抜ける仕組みになっています。面白い発想です。

番号札落としでは、穴の向きを変えてみましょう。手首の使い方が変わります。

丸椅子は、押す、運ぶ、座る、積むなど多様な遊び場面で使えます。

俵型のお手玉は、赤や黄色など違う色のものを複数準備しましょう。さまざまな食べものになります。

ラップの芯とフェルトを組み合わせて作っています。引っ張ったり巻いたりして遊びます。「しゅるしゅる」「くるくる」などの言葉とともに楽しめます。

- 2歳児

　スナップボタンはめやファスナーの上げ下げをする遊びを取り入れる際、お世話遊びの人形の服や、壁面遊具で工夫をするとよいでしょう。

　また、ごっこ遊びが盛んになる2歳児にとって、それらを特徴づける道具が必要になり

ます。おふろごっこ、美容室ごっこ、病院ごっこ、保育園ごっこ、お店屋さんごっこなど、
それらの遊びに必要な道具は手作りできるものが多いです。

ひも通しは、机上でするものの他に、壁面に固定してするものもあります。工夫次第でどのようなものでも作ることができます。

ボタンはめや、ファスナーの練習など指先のこまかい動きを助けるおもちゃです。触るとクシャクシャと音がするものや鈴ならしもついており、０歳児から楽しめます。

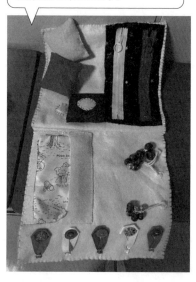

フェルトで作った食べ物は、ままごと遊びやお店屋さんごっこ等で大活躍します。

（3）ワーク：手作りおもちゃを作ってみよう！

次の見本を参考に、自分なりに手作りおもちゃを考えて作ってみましょう。

□対象（年齢）：（　０　）歳児
□準備物：

> ティッシュの空き箱6つ、段ボール、紙、ハサミ、カッター、ボンド、ガムテープ、キルティング（ピンク）、針、糸

□制作過程　（※写真またはイラストと、文章で制作手順を示しましょう）

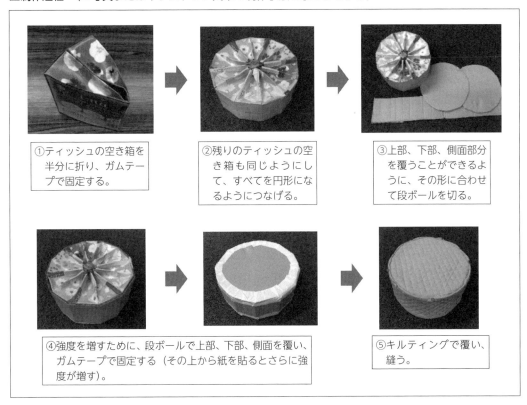

①ティッシュの空き箱を半分に折り、ガムテープで固定する。

②残りのティッシュの空き箱も同じようにして、すべてを円形になるようにつなげる。

③上部、下部、側面部分を覆うことができるように、その形に合わせて段ボールを切る。

④強度を増すために、段ボールで上部、下部、側面を覆い、ガムテープで固定する（その上から紙を貼るとさらに強度が増す）。

⑤キルティングで覆い、縫う。

□完成したおもちゃ

☆つくったおもちゃの名称：丸椅子

☆遊び方：
　転がす、座る、押す、押しながら前に進む、積む、丸椅子の上にコップを置いて机のようにする等、体を動かすことや簡単な見立て遊びをする時に使用し、興味のあることに合わせてさまざまな使い方をして楽しむ。

☆工夫した点：
- 色は柄のないものを選び、目に優しい色にした（割と大きなおもちゃなので、柄のある丸椅子がたくさんあると集中できないため）。
- キルティング素材を使用し、肌触りのよいものを選択した。
- 一つの遊び方でなく、子どもの姿に合わせて何通りもの遊び方ができるようなものを作った。
- キルティングの糸がほつれないよう、内側に1回折り曲げて縫うようにした。

□対象（年齢）：（　　　）歳児
□準備物：

□制作過程　（※写真またはイラストと，文章で制作手順を示しましょう）

□完成したおもちゃ　（※写真を貼りつけましょう）

☆つくったおもちゃの名称：

☆遊び方：

☆工夫した点：

**【演習12-6】絵本リスト**

　幼い子どもたちは周りにいる大人とともに絵本の世界に触れていきます。周りの人たちと過ごす心地よい絵本のひとときが、子どもたちの心を育んでいきます。絵と言葉が織りなす世界、子どもたちは全身をつかってその世界を味わい、絵と言葉に親しみ、ものがたりに入り込みます。絵本は子どもたちの体のなかも満たしていきます。そんな時間をどうぞゆったりと一緒にたのしんでください。

　絵本リストには内容紹介とともに絵や各ページの構成、あるいは言葉の響きなど、子どもたちを夢中にする作品の特徴を記していきましょう。また、子どもと一緒に読むことによって作品の魅力を改めて実感したり、新たに気づいたりすることでしょう。実際に読んだ時の子どもの視線や表情の変化、言葉（音声）やしぐさなどの反応をリストに書いていきましょう。

　子どもと一緒に読んだ時はもちろん、読んでみたいと思った絵本を先に記しても構いません。その場合には、実際に読んだ後で反応を書き加えながら活用してください。これは子どもの心をひきつける絵本の世界に触れると同時に子ども理解にもつながっていますね。子どもは見て、聞いて、触って、感じています。子どもと一緒に絵本を開き、絵本の世界を存分に味わってください。さまざまな絵本が子どもとみなさん、一人一人の心を響かせてくれると思います。とびきりの絵本リストになることを願っています。

## 0歳児向け絵本リスト

| 番号 | 蔵書場所 | 絵本 | あらすじ・内容の紹介 | 作品の魅力・特徴 | 子どもの反応 |
|---|---|---|---|---|---|
| 1 | | タイトル「　　　　　」<br>作者（絵・文・訳）<br><br>出版社　　　出版年 | | | 　　　　　　　年<br>月　日（　） |
| 2 | | タイトル「　　　　　」<br>作者（絵・文・訳）<br><br>出版社　　　出版年 | | | 　　　　　　　年<br>月　日（　） |
| 3 | | タイトル「　　　　　」<br>作者（絵・文・訳）<br><br>出版社　　　出版年 | | | 　　　　　　　年<br>月　日（　） |
| 4 | | タイトル「　　　　　」<br>作者（絵・文・訳）<br><br>出版社　　　出版年 | | | 　　　　　　　年<br>月　日（　） |
| 5 | | タイトル「　　　　　」<br>作者（絵・文・訳）<br><br>出版社　　　出版年 | | | 　　　　　　　年<br>月　日（　） |
| 6 | | タイトル「　　　　　」<br>作者（絵・文・訳）<br><br>出版社　　　出版年 | | | 　　　　　　　年<br>月　日（　） |
| 7 | | タイトル「　　　　　」<br>作者（絵・文・訳）<br><br>出版社　　　出版年 | | | 　　　　　　　年<br>月　日（　） |
| 8 | | タイトル「　　　　　」<br>作者（絵・文・訳）<br><br>出版社　　　出版年 | | | 　　　　　　　年<br>月　日（　） |
| 9 | | タイトル「　　　　　」<br>作者（絵・文・訳）<br><br>出版社　　　出版年 | | | 　　　　　　　年<br>月　日（　） |
| 10 | | タイトル「　　　　　」<br>作者（絵・文・訳）<br><br>出版社　　　出版年 | | | 　　　　　　　年<br>月　日（　） |

1歳児向け絵本リスト

| 番号 | 蔵書場所 | 絵本 | あらすじ・内容の紹介 | 作品の魅力・特徴 | 子どもの反応 |
|---|---|---|---|---|---|
| 1 | | タイトル「　　　　　　　」<br>作者（絵・文・訳）<br><br>出版社　　　　出版年 | | | 年<br>月　日（　） |
| 2 | | タイトル「　　　　　　　」<br>作者（絵・文・訳）<br><br>出版社　　　　出版年 | | | 年<br>月　日（　） |
| 3 | | タイトル「　　　　　　　」<br>作者（絵・文・訳）<br><br>出版社　　　　出版年 | | | 年<br>月　日（　） |
| 4 | | タイトル「　　　　　　　」<br>作者（絵・文・訳）<br><br>出版社　　　　出版年 | | | 年<br>月　日（　） |
| 5 | | タイトル「　　　　　　　」<br>作者（絵・文・訳）<br><br>出版社　　　　出版年 | | | 年<br>月　日（　） |
| 6 | | タイトル「　　　　　　　」<br>作者（絵・文・訳）<br><br>出版社　　　　出版年 | | | 年<br>月　日（　） |
| 7 | | タイトル「　　　　　　　」<br>作者（絵・文・訳）<br><br>出版社　　　　出版年 | | | 年<br>月　日（　） |
| 8 | | タイトル「　　　　　　　」<br>作者（絵・文・訳）<br><br>出版社　　　　出版年 | | | 年<br>月　日（　） |
| 9 | | タイトル「　　　　　　　」<br>作者（絵・文・訳）<br><br>出版社　　　　出版年 | | | 年<br>月　日（　） |
| 10 | | タイトル「　　　　　　　」<br>作者（絵・文・訳）<br><br>出版社　　　　出版年 | | | 年<br>月　日（　） |

## 2歳児向け絵本リスト

| 番号 | 蔵書場所 | 絵本 | あらすじ・内容の紹介 | 作品の魅力・特徴 | 子どもの反応 |
|---|---|---|---|---|---|
| 1 | | タイトル「　　　　　　　　」<br>作者（絵・文・訳）<br><br>出版社　　　　　出版年 | | | 　　　　　　　年<br>月　　日（　　） |
| 2 | | タイトル「　　　　　　　　」<br>作者（絵・文・訳）<br><br>出版社　　　　　出版年 | | | 　　　　　　　年<br>月　　日（　　） |
| 3 | | タイトル「　　　　　　　　」<br>作者（絵・文・訳）<br><br>出版社　　　　　出版年 | | | 　　　　　　　年<br>月　　日（　　） |
| 4 | | タイトル「　　　　　　　　」<br>作者（絵・文・訳）<br><br>出版社　　　　　出版年 | | | 　　　　　　　年<br>月　　日（　　） |
| 5 | | タイトル「　　　　　　　　」<br>作者（絵・文・訳）<br><br>出版社　　　　　出版年 | | | 　　　　　　　年<br>月　　日（　　） |
| 6 | | タイトル「　　　　　　　　」<br>作者（絵・文・訳）<br><br>出版社　　　　　出版年 | | | 　　　　　　　年<br>月　　日（　　） |
| 7 | | タイトル「　　　　　　　　」<br>作者（絵・文・訳）<br><br>出版社　　　　　出版年 | | | 　　　　　　　年<br>月　　日（　　） |
| 8 | | タイトル「　　　　　　　　」<br>作者（絵・文・訳）<br><br>出版社　　　　　出版年 | | | 　　　　　　　年<br>月　　日（　　） |
| 9 | | タイトル「　　　　　　　　」<br>作者（絵・文・訳）<br><br>出版社　　　　　出版年 | | | 　　　　　　　年<br>月　　日（　　） |
| 10 | | タイトル「　　　　　　　　」<br>作者（絵・文・訳）<br><br>出版社　　　　　出版年 | | | 　　　　　　　年<br>月　　日（　　） |

## ••• 引用・参考文献 •••

全章

1）厚生労働省「保育所保育指針〈平成 29 年告示〉」
　https://www.mhlw.go.jp/web/t_doc?dataId=00010450&dataType=0&pageNo=1
2）厚生労働省「子ども・子育て支援法」
　https://www.mhlw.go.jp/web/t_doc?dataId=82ab3017&dataType=0&pageNo=1
3）厚生労働省「児童福祉法」
　https://www.mhlw.go.jp/web/t_doc?dataId=82060000&dataType=0&pageNo=1
4）厚生労働省「児童福祉施設の設備及び運営に関する基準」
　https://www.mhlw.go.jp/web/t_doc?dataId=82069000&dataType=0&pageNo=1
（すべて 2020 年 12 月 14 日閲覧）

第 1 章

1）一般社団法人 キリスト教保育連盟編集委員会『ともに育つ保育　入門』キリスト教保育連盟、2018 年
2）遠藤利彦『赤ちゃんの発達とアタッチメント―乳児保育で大切にしたいこと』ひとなる書房、2017 年
3）大豆生田啓友・おおえだけいこ『0・1・2 歳児クラスの現場から　日本が誇る！ていねいな保育』小学館、2019 年
4）大豆生田啓友・三谷大紀編『最新保育資料集 2020』ミネルヴァ書房、2020 年
5）岡田正章・久保いとほか編『戦後保育史』全 2 巻、フレーベル館、1980 年
6）岡本かおり「保育者のとらえる子どもとの信頼感」広島大学大学院教育学研究科学習開発学講座編『学習開発学研究』8、2015 年、pp. 185-194
7）加藤繁美『0 歳～ 6 歳心の育ちと対話する保育の本』学研、2012 年
8）川原佐公監修、古橋紗人子編著『赤ちゃんから学ぶ「乳児保育」の実践力―保育所・家庭で役立つ』教育情報出版、2010 年
9）厚生労働省編『保育所保育指針解説〈平成 30 年 3 月〉』フレーベル館、2018 年
10）佐伯胖『共感―育ち合う保育のなかで』ミネルヴァ書房、2007 年
11）佐伯胖編著『「子どもがケアする世界」をケアする―保育における「二人称的アプローチ」入門』ミネルヴァ書房、2017 年
12）汐見稔幸・小西行郎ほか編著『乳児保育の基本』フレーベル館、2007 年
13）汐見稔幸・松本園子ほか『日本の保育の歴史―子ども観と保育の歴史 150 年』萌文書林、2017 年
14）高内正子編著『乳児保育への招待―胎児期から 2 歳まで』北大路書房、2005 年
15）寺田清美・大方美香ほか編『乳児保育 I・II』中央法規、2019 年
16）名須川知子・大方美香監修、馬場耕一郎編著『乳児保育』ミネルヴァ書房、2019 年
17）日本保育学会『日本幼児保育史』6、フレーベル館、1975 年
18）羽室俊子・荒木暁子編著『実践・乳児保育―子どもたちの健やかな未来のために』同文書院、2004 年
19）藤森平司『0・1・2 歳の「保育」―子ども同士の関係から育つ力』世界文化社、2012 年

**第 2 章**

1）秋田喜代美監修『保育学用語辞典』中央法規、2019 年

2）今井和子・近藤幹生監修、今井和子・矢島敬子編著『乳児保育』ミネルヴァ書房、2019 年

3）厚生労働省「保育所保育指針の改定に関する議論のとりまとめ」2016 年（https://www.mhlw.go.jp/file/05-Shingikai-12601000-Seisakutoukatsukan-Sanjikanshitsu_Shakaihoshoutantou/1_9.pdf、2020 年 12 月 17 日閲覧）

4）厚生労働省編『保育所保育指針解説〈平成 30 年 3 月〉』フレーベル館、2018 年

5）小山朝子編著『講義で学ぶ乳児保育』わかば社、2019 年

6）田中真介監修、乳幼児保育研究会編著『発達がわかれば子どもが見える』ぎょうせい、2009 年

7）寺田清美・大方美香ほか編『乳児保育Ⅰ・Ⅱ』中央法規、2019 年

8）文部科学省「幼児教育部会における審議の取りまとめ」（https://www.mext.go.jp/b_menu/shingi/chukyo/chukyo3/057/sonota/__icsFiles/afieldfile/2016/09/12/1377007_01_4.pdf、2020 年 11 月 25 日閲覧）

9）M. レゲァスティ著、大藪泰訳『乳児の対人感覚の発達』新曜社、2014 年


**第 3 章**

1）園と家庭を結ぶ「げんき」編集部編『乳児の発達と保育―遊びと育児』エイデル研究所、2011 年

2）厚生労働省編『保育所保育指針解説〈平成 30 年 3 月〉』フレーベル館、2018 年

3）厚生労働省「つどいの広場事業の実施について」2002 年（https://www.mhlw.go.jp/web/t_doc?dataId=00ta9743&dataType=1&pageNo=1、2021 年 1 月 11 日閲覧）

4）厚生労働省「保育所等利用待機児童数調査に関する自治体ヒアリング　参考資料 2」2016 年（https://www.mhlw.go.jp/file/05-Shingikai-11901000-Koyoukintoujidoukateikyoku-Soumuka/0000140763.pdf、2020 年 12 月 23 日閲覧）

5）神戸市 HP「神戸市一時保育」（https://www.city.kobe.lg.jp/a65174/kosodate/yochien/hoikujo/nursery/ichijihoiku.html、2021 年 1 月 16 日閲覧）

6）小山朝子編著『講義で学ぶ乳児保育』わかば社、2019 年

7）寺田清美・大方美香ほか編『乳児保育Ⅰ・Ⅱ』中央法規、2019 年

8）内閣府・文部科学省・厚生労働省『幼保連携型認定こども園教育・保育要領解説〈平成 30 年 3 月〉』フレーベル館、2018 年

9）西村真実『育児担当制による乳児保育』中央法規、2019 年

10）細井香編著『保育の未来をひらく乳児保育』北樹出版、2019 年

11）森上史朗・柏女霊峰編『保育用語辞典［第 8 版］』ミネルヴァ書房、2015 年

12）善本眞弓編著『演習で学ぶ乳児保育』わかば社、2020 年


**第 4 章**

1）厚生労働省子ども家庭局・厚生労働省社会援護局障害保健福祉部「児童養護施設入所児童等調査の概要（平成 30 年 2 月 1 日現在）」2020 年（https://www.mhlw.go.jp/content/11923000/000595122.pdf、2020 年 10 月 9 日閲覧）

2）全国乳児福祉協議会「乳児院　倫理綱領」（https://nyujiin.gr.jp/cms/wp-content/uploads/2019/02/rinrikoryo-1.pdf、2020 年 11 月 25 日閲覧）

3）全国乳児福祉協議会「『乳幼児総合支援センター』をめざして～乳児院の今後のあり方検討委員会

報告書～」2019 年（https://nyujiin.gr.jp/cms/wp-content/uploads/2019/10/2019center_houko
ku-1.pdf、2020 年 10 月 9 日閲覧）

4）内閣府・文部科学省・厚生労働省「子ども・子育て支援新制度ハンドブック（施設・事業者向け）
（平成 27 年 7 月改訂版）」2015 年（https://www8.cao.go.jp/shoushi/shinseido/faq/pdf/jigyou
sya/handbook.pdf、2020 年 12 月 21 日閲覧）

発達表
1）厚生労働省「平成 22 年乳幼児身体発育調査報告書（概要）」（https://www.mhlw.go.jp/stf/
shingi/2r9852000001tmct-att/2r9852000001tmea.pdf、2021 年 1 月 11 日閲覧）

第 5 章
1）ベネッセ教育情報サイト「らくらく☆にこにこ離乳食」（https://benesse.jp/contents/baby
food/base/index02.shtml、2020 年 12 月 17 日閲覧）

第 6．7 章
1）阿部和子・大方美香編著『乳児保育の理論と実践』光生館、2019 年

2）一般社団法人 日本赤ちゃん学協会編、小西行郎・小西薫ほか『赤ちゃん学で理解する乳児の発達
と保育　第 2 巻　運動・遊び・音楽』中央法規、2017 年

3）一般社団法人 日本赤ちゃん学協会編、小椋たみ子・遠藤利彦ほか『赤ちゃん学で理解する乳児の
発達と保育　第 3 巻　言葉・非認知的な心・学ぶ力』中央法規、2019 年

4）園と家庭を結ぶ「げんき」編集部編『乳児の発達と保育―遊びと育児』エイデル研究所、2011 年

5）園と家庭をむすぶ「げんき」編集部編『映像で見る 3・4・5 歳のふれあいうた・あそびうた―心
と身体を育む 118 の関わり』エイデル研究所、2014 年

6）大豆生田啓友・おおえだけいこ『0・1・2 歳児の現場から　日本が誇る！ていねいな保育』小
学館、2019 年

7）久津摩英子編著『赤ちゃんから遊べるわらべうたあそび 55』チャイルド本社、2007 年

8）厚生労働省「保育所における感染症対策ガイドライン（2018 年改訂版）」2018 年（https://www.
mhlw.go.jp/file/06-Seisakujouhou-11900000-Koyoukintoujidoukateikyoku/0000201596.pdf、
2021 年 2 月 27 日閲覧）

9）厚生労働省編『保育所保育指針解説〈平成 30 年 3 月〉』フレーベル館、2018 年

10）コダーイ芸術教育研究所　『新訂　わらべうたであそぼう　乳児のあそび・うた・ごろあわせ』明
治図書、1985 年

11）コダーイ芸術教育研究所『いっしょにあそぼうわらべうた―0・1・2 歳児クラス編』明治図書、
1998 年

12）小山朝子編著『講義で学ぶ乳児保育』わかば社、2019 年

13）汐見稔幸監修『映像で見る 0・1・2 歳のふれあいうた・あそびうた―やさしさを育む 88 の関わ
り』エイデル研究所、2007 年

14）汐見稔幸監修、　鈴木八朗編著『発達のサインが見えるともっと楽しい　0・1・2 さい児の遊び
とくらし』メイト、2017 年

15）民秋言編集代表、清水益治・西村重稀ほか編『幼稚園教育要領・保育所保育指針・幼保連携型認
定こども園教育・保育要領の成立と変遷』萌文書林、2017 年

16）渡邊葉子『うたと積木とおはなしと―遊びと発達』エイデル研究所、2002 年

第 8 章
1）阿部和子編著『改訂　乳児保育の基本』萌文書林、2019 年
2）大橋喜美子編『新時代の保育双書　乳児保育［第 3 版］』みらい、2018 年
3）厚生労働省「乳幼児突然死症候群（SIDS）について」（https://www.mhlw.go.jp/bunya/
　 kodomo/sids.html、2020 年 11 月 26 日閲覧）
4）小山朝子編著『講義で学ぶ乳児保育』わかば社、2019 年
5）『最新　保育士養成講座』総括編纂委員会編『最新　保育士養成講座　第 7 巻　子どもの健康と安
　 全』全国社会福祉協議会、2019 年
6）寺田清美・大方美香ほか編『乳児保育Ⅰ・Ⅱ』中央法規、2019 年
7）名須川知子・大方美香監修、馬場耕一郎編著『乳児保育』ミネルヴァ書房、2019 年

第 9 章
1）阿部和子編著『改訂　乳児保育の基本』萌文書林、2019 年
2）大橋喜美子編『新時代の保育双書　乳児保育［第 3 版]』みらい、2018 年
3）寺田清美・大方美香ほか編『乳児保育Ⅰ・Ⅱ』中央法規、2019 年
4）名須川知子・大方美香監修、馬場耕一郎編著『乳児保育』ミネルヴァ書房、2019 年

第 10 章
1）阿部和子編著『改訂　乳児保育の基本』萌文書林、2019 年
2）岩﨑淳子・及川留美ほか『教育課程・保育の計画と評価―書いて学べる指導計画』萌文書林、2018
　 年
3）大橋喜美子編『新時代の保育双書　乳児保育［第 3 版]』みらい、2018 年
4）小山朝子編著『講義で学ぶ乳児保育』わかば社、2019 年
5）田中亨胤・佐藤哲也編『教育課程・保育計画総論』ミネルヴァ書房、2007 年
6）寺田清美・大方美香ほか編『乳児保育Ⅰ・Ⅱ』中央法規、2019 年
7）名須川知子・大方美香監修、馬場耕一郎編著『乳児保育』ミネルヴァ書房、2019 年
8）善本眞弓編著『演習で学ぶ乳児保育』わかば社、2020 年

第 11 章
1）一般社団法人　日本アレルギー学会「アナフィラキシーガイドライン」2014 年（https://anaphy
　 laxis-guideline.jp/pdf/anaphylaxis_guideline.PDF、2021 年 1 月 11 日閲覧）
2）園と家庭を結ぶ「げんき」編集部編『乳児の発達と保育―遊びと育児』エイデル研究所、2011 年
3）厚生労働省「子育て援助活動支援事業（ファミリー・サポート・センター事業）について」
　 （https://www.mhlw.go.jp/bunya/koyoukintou/ikuji-kaigo01/、2021 年 1 月 11 日閲覧）
4）厚生労働省「児童相談所の概要」2007 年（https://www.mhlw.go.jp/bunya/kodomo/dv11/01-
　 01.html、2021 年 1 月 16 日閲覧）
5）厚生労働省「保育所等における准看護師の配置に係る特例について（通知）」2015 年（https://
　 www.mhlw.go.jp/web/t_doc?dataId=00tc0931&dataType=1&pageNo=1、2021 年 1 月 11 日閲
　 覧）

6）厚生労働省編『保育所保育指針解説〈平成 30 年 3 月〉』フレーベル館、2018 年

7）小山朝子編著『講義で学ぶ乳児保育』わかば社、2019 年

8）寺田清美・大方美香ほか編『乳児保育Ⅰ・Ⅱ』中央法規、2019 年

9）内閣府・文部科学省・厚生労働省『幼保連携型認定こども園教育・保育要領解説〈平成 30 年 3 月〉』フレーベル館、2018 年

10）西村真実『育児担当制による乳児保育』中央法規、2019 年

11）H. W. ハインリッヒ・D. ピーターセンほか、井上威恭監修、一般財団法人 総合安全工学研究所訳『ハインリッヒ産業災害防止論』海文堂出版、1982 年

12）細井香編著『保育の未来をひらく乳児保育』北樹出版、2019 年

13）森上史朗・柏女霊峰編『保育用語辞典［第 8 版]』ミネルヴァ書房、2015 年

14）善本眞弓編著『演習で学ぶ乳児保育』わかば社、2020 年

## 執 筆 者 一 覧

【編著者】

石 川　恵 美（いしかわ えみ）　兵庫大学


【執筆者】（執筆順）

布 村　志 保（ぬのむら しほ）　頌栄短期大学
　　第 1 章、発達表（運動）、第 12 章 演習 12-6


小 寺　玲 音（こてら れね）　関西女子短期大学
　　第 2 章、第 4 章、第 12 章 演習 12-2


石 川　恵 美（いしかわ えみ）　兵庫大学
　　第 3 章、発達表（体・言葉）、第 9 章 演習 9-2、第 11 章、第 12 章 演習 12-3〜12-4


黒 木　晶（くろぎ あき）　園田学園女子大学
　　発達表（遊び）、第 7 章 第 6 節、第 8 章、第 9 章 第 1 節〜演習 9-1、第 10 章、第 12 章 演習 12-5


玉 川　朝 子（たまがわ ともこ）　大阪城南女子短期大学
　　発達表（生活）、第 5 章、第 6 章、第 7 章 第 1 〜 5 節、第 12 章 演習 12-1

# 編 者 紹 介

## 石 川 恵 美 (いしかわ　えみ)

兵庫県神戸市生まれ。兵庫教育大学大学院学校教育科学校教育学専攻幼年教育コース修士課程修了 修士（学校教育学）。私立幼稚園・私立保育園・公立幼稚園・公立保育所での保育経験後、京都西山短期大学専任講師・兵庫大学短期大学部准教授を経て、現在兵庫大学教育学部教育学科准教授。専門は、保育学・幼児教育学。保育者のコミュニケーションについて研究し、園内研修や人材育成等の講師を務める。保育士資格・幼稚園教諭専修免許・特別支援学校教諭二種免許、一般財団法人生涯学習開発財団認定コーチ、絵本専門士資格取得。
〈主著〉『新・保育と言葉』（共著、嵯峨野書院）、『子どもの心によりそう保育・教育課程論』（共著、福村出版）、『子どもの心によりそう保育者論』（共著、福村出版）、『保育現場と養成校のコラボレーション！──実習生指導サポートブック』（共著、北大路書房）

## 本文イラスト：MIKU

## 協力園

社会福祉法人 千早赤阪福祉会 石川こども園
社会福祉法人 千早赤阪福祉会 上本町げんき学園
社会福祉法人 堺暁福祉会 かなおか保育園
社会福祉法人 ゆずり葉会 深井こども園

乳児保育Ⅰ・Ⅱ──一人一人の育ちを支える理論と実践　　　　《検印省略》

2021年4月20日　第1版第1刷発行
2024年3月7日　第1版第2刷発行

編 著 者　石 川 恵 美
発 行 者　前 田　　茂
発 行 所　嵯 峨 野 書 院

〒615-8045　京都市西京区牛ヶ瀬南ノ口町39　電話(075)391-7686　振替 01020-8-40694

©Emi Ishikawa, 2021　　　　　　　　　　創栄図書印刷・吉田三誠堂製本所

ISBN978-4-7823-0606-2

## 新・保育と健康

三村寛一・安部惠子 編著

子どもたちの発育・発達の理解を深め、健康な心と体を育むための幼児教育を考える。幼稚園などでの実践例も数多く盛り込んだ1冊。

B5・並製・142頁・定価（本体 2200 円＋税）

## 新・保育と人間関係
―理論と実践をつなぐために―

柏　まり・小林みどり 編著

実践的領域である「人間関係」。乳幼児を対象の中心に据え、時代の変化に対応した保育感を深められるよう、具体的な保育の展開や援助方法、事例や遊びを提示した。

B5・並製・144頁・定価（本体 2250 円＋税）

## 新・保育と環境 ［改訂新版］

小川圭子 編著

学生が実践力を養えるよう、教育・保育現場を身近に感じられる事例や援助の方法、写真、図表などを多数掲載。各章ごとに「まとめ」「演習問題」も収録している。

B5・並製・176頁・定価（本体 2400 円＋税）

## 新・保育と言葉
―発達・子育て支援と実践をつなぐために―

石上浩美 編著

言葉は、子どもが社会的に生きていくための手段であり道具である。Society5.0 社会の担い手となる子どもの未来のために、いま、大人や社会が何をしなければならないのか。

B5・並製・144頁・定価（本体 2250 円＋税）

## 新・保育と表現
―理論と実践をつなぐために―

石上浩美 編著

子どもは何を感じ取り、どのように伝えるのか。子どもの発達特性を解説しながら、豊かな感性と想像力を育む表現を、生活の中にある音・風景・自然、子どもの遊びから考える。

B5・並製・168頁・定価（本体 2400 円＋税）

嵯峨野書院